10대,
뜨거워야 움직이고
미쳐야
내 것이 된다

10대, 뜨거워야 움직이고 미쳐야 내 것이 된다

1판 1쇄 인쇄 2017년 5월 29일
1판 1쇄 발행 2017년 5월 31일

지은이 김옥림
발행인 김주복
디자인 designBAB

발행처 서래
출판등록 2011.8.12. 제 305-2011-000038호
주소 서울시 동대문구 답십리 2동 한신아파트 2동 106호
대표전화 070-4086-4283, 010-8603-4283
팩스 02-989-3897
이메일 2010sr@naver.com

값 13,000원
ISBN 978-89-98588-16-8 (03190)

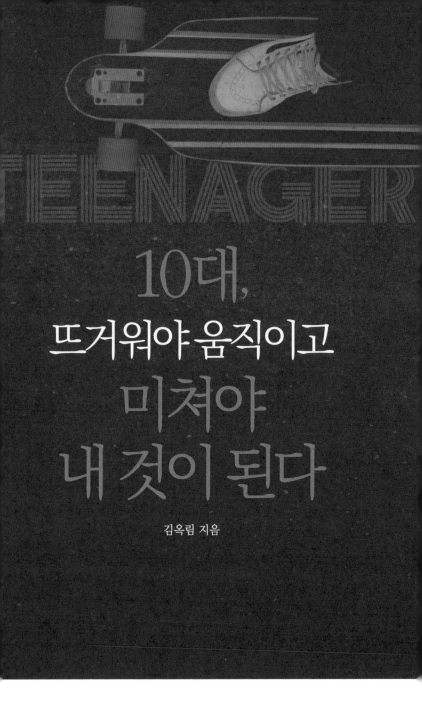

10대,
뜨거워야 움직이고
미쳐야
내 것이 된다

김옥림 지음

서래books

꿈꾸는 대로
성공은 이루어진다

꿈!

선생님은 꿈이란 글자를 보거나 말만 들어도 가슴이 뛴답니다. 왜 그런지 아세요? 아직도 선생님에겐 하고 싶은 꿈이 많이 있기 때문이에요. 내 말에 어떤 친구는 이렇게 말할지도 모르겠어요.

"꿈이란 미래가 푸른 바다처럼 펼쳐진 우리 같은 10대에게 잘 어울리는 말이 아닌가요?" 하고 말이에요. 실제로 선생님은 그렇게 말하는 10대들을 본 적이 있거든요.

그러나 그것은 아주 잘못된 생각입니다.

꿈이란 나이와는 상관없는 거랍니다. 또한, 가난하든

부자이든 상관없는 거지요. 누구나 꿈을 가질 수 있지요. 꿈은 여러분처럼 풋풋한 10대는 물론, 20대, 30대, 40대, 50대 더 나아가 80대의 어르신에게도 필요한 거랍니다.

다만 그 꿈을 소망하는 사람에 한해서 말이지요.

선생님은 10대들에게 꿈과 용기를 주는 책을 쓰고 강연도 하는데 그러는 동안 매우 놀라운 사실을 발견했답니다. 그리고 결심했지요. 더욱 10대들을 위해 좋은 책을 쓰고 좋은 말을 들려주어야겠다고 말이지요.

선생님이 왜 이런 결심을 했는지 말해줄게요. 그것은 꿈과 미래를 향해 힘차게 나아가야 할 10대들의 예쁜 입에서 듣기 거북한 불평불만이 폭포수처럼 막 쏟아져 나오는 거예요.

"어유, 지겨워. 공부 좀 안 하게 빨리 어른이 되었으면 좋겠어."

"학교가 너무 재미없어. 신나게 게임이나 하면 얼마나 좋을까?"

"매일매일 내가 하고 싶은 것만 하고 살았으면 좋겠다. 어디 그런 나라 없을까? 그러면 당장 그런 나라로 이민

갈 텐데……."

여러분 중에도 듣기 좀 그렇다, 하고 생각하는 친구들도 있을 거로 생각해요. 하지만 선생님은 그 심정 충분히 이해한답니다. 얼마나 공부가 지겨우면 저럴까, 하고 말이에요. 사실 우리 교육 환경이 10대들의 마음을 답답하게 하고 때때로 도망치고 싶은 마음이 들게 하곤 하지요.

그런데 그렇다고 해서 그렇게 할 순 없잖아요. 현실은 그게 아니니까요. 그러면 어떻게 해야 할까요?

선생님은 이렇게 생각해요. 피할 수 없다면 차라리 즐겨라, 하고 말이지요. 내가 안 하면 안 되는 현실을 자꾸만 불평한다고 해서 달라지는 것은 아무것도 없어요. 안 하면 나만 뒤처지지 않겠어요?

그럼 누구 손해겠어요? 당연히 자기 자신이지요. 그러니까 이왕이면 적극적으로 대응하라는 거예요.

지혜로운 사람은 언제나 현실을 긍정적으로 생각하지만 어리석은 사람은 언제나 부정적으로 생각한답니다. 긍정과 부정은 단 한 글자 차이지만 그 결과는 상상을 초월하지요.

지독한 가난 속에서 어린 시절을 보냈던 소년이 있었어요. 그는 너무도 가난하여 집안일을 도와야 했어요. 당연히 학교도 못 다녔지요. 그 소년은 시간이 날 때마다 땅바닥에 그림을 그렸어요. 그가 그린 그림은 누구나 징그럽게 생각하는 생쥐였어요. 그가 하필 생쥐를 그린 것은 늘 생쥐를 보고 살았거든요. 생쥐가 집안을 들락날락하며 제 집처럼 굴었기 때문이지요. 어떤 날은 잠에서 깨면 생쥐가 후다닥 도망을 가곤 했지요. 밤새 함께 잤던 거예요. 그러다 보니 징그러운 생쥐가 귀엽게 느껴졌겠지요. 그러니까 자연스럽게 생쥐를 그리게 된 거지요. 그는 어른이 되고 결혼을 해서도 여전히 가난했답니다. 그러는 가운데서도 여전히 생쥐를 그렸어요. 그러다 어느 날 예쁜 생쥐 그림을 탄생시켰지요. 그림의 주인공 생쥐는 영화로 만들어지고, 옷이며 장난감에 꿈의 마스코트로 등장했지요. 그 그림이 바로 너무도 유명한 미키마우스예요. 그리고 그림을 그린 사람은 월트디즈니랍니다.

그는 자신의 이름을 전 세계에 널리 떨치고 많은 돈을 벌었지요. 그는 큰 성공을 거두었는데 그는 가난 속에서도 꿈을 잃지 않고 자신이 좋아하는 생쥐 그림을 그리다 놀라운 상상력을 발견하게 되었고, 마침내 세계적으로 성공한 인생이 되었던 거예요.

자신의 인생을 성공적으로 살았던 사람들이나 현재 살고 있는 사람들은 하나같이 꿈을 가슴에 품고 현실의 어려움을 강인한 의지와 실천으로 극복하고 이루어 냈다는 사실을 알아야 해요.

이 책엔 어려움을 극복하고 자신의 꿈을 이룬 많은 사람의 소중한 이야기들이 희망의 푸른 파도로 출렁이고 있답니다. 그들의 소중한 경험과 꿈이 여러분들의 손길을 기다리고 있지요. 여러분들에게 자신들이 그러했던 것처럼 인생의 소중한 경험을 들려주고 싶은 거예요. 그래서 여러분들이 각자의 꿈을 이루어 한 번뿐인 인생을 값지고 행복하게 살게 하고 싶은 거예요. 그러니 공부하느라고 바쁘겠지만 잠시 시간을 내서 이 책을 한 번 읽어 보세요. 서너 시간만 짬을 내 보세요. 재밌는 소설책 읽히듯이 술술 잘 읽힐 거예요. 그리고 읽고 나면 여러분들 마음이 따뜻해지며 나도 무언가를 할 수 있다는 강한 자신감과 용기가 가득 넘쳐날 거예요.

그리고 이렇게 말하게 될 겁니다.

"이 책이 나에게 꿈을 주었다. 그리고 내 인생의 목표가 결정되었다."하고 말지요.

그래요. 난 확신해요. 이 책을 쓰면서 간절한 마음으로 기도했거든요. 이 책이 이 시대를 힘겹게 살아가는 우리의 10대들에게 꿈과 용기와 신념과 충만한 자신감을 불러일으키게 해 달라고 말이지요. 또한, 실천으로 옮겨 성공한 인생이 되게 해 달라고 말이에요.

선생님은 느낄 수 있었어요. 내 기도가 이루어질 거라고요. 왠지 알아요? 선생님 가슴이 뜨거워졌거든요. 그것은 깊은 간절함이 그 무언가와 통했기 때문이지요.

나는 다시 한번 확신했어요. 이 책이 꿈의 책이 될 거라고 말이에요.

그리고 선생님은 기도하는 마음과 겸허한 마음으로 정성을 다하여 이 책을 썼답니다. 글을 쓰면서 기분이 참 좋았어요. 여러분들을 위해 꿈을 주는 책을 쓰다 보니 선생님 가슴에서 파릇파릇한 꿈이 막 돋지 뭐예요. 그래서 선생님도 선생님 가슴에 고이 간직한 꿈에 대해 깊이 생각해 봤어요. 그게 무슨 꿈인지 듣고 싶지 않나요?

그럼, 선생님의 꿈 한 번 들어보세요.

선생님은 작가니까 작가로서 좋은 책을 쓰고 싶어요. 누구에게나 평생 잊지 못할 감동을 주는, 몇백 년이 지나도 역사 속에 기록되고 영원히 읽히는 책. 그런 책을 쓰고 싶어요. 그래서 선생님 이름만 대면 아, 그 작가하며 나와 내 책을 기억하게 하는 영원한 작가로 남는 게 내 꿈이에요.

그리고 여러분들이 미래를 활짝 열어갈 수 있도록 내 온몸과 마음을 다 바쳐 열정적으로 강연하고 싶어요. 그래서 여러분들이 꿈과 용기를 얻고 자신에게 주어진 삶을 성공적으로 살아갔으면 좋겠어요.

그리고 마지막으로 나이가 들어 머리가 희끗희끗 해지면 시골에 가서 어린이와 청소년들과 어른들에게 글쓰기를 가르치고 내가 쓴 이야기를 재밌게 들려주고 싶어요. 말하자면 '자연 글쓰기 교실'을 만들고 싶어요. 누구나 와서 이야기하고, 이야기 듣고, 자신의 기록을 남기는 그런 공간 말이에요.

선생님은 이런 꿈을 여태껏 누구에게도 말하지 않았는데 여러분들에게 말하고 말았네요. 이렇게 말하고 나니 더욱 꿈을 이루어야겠다는 책임감이 든답니다.

자신의 꿈을 이루기 위해서는 어떻게 해야 할까요? 그것을 몇 가지만 말해 볼게요. 가슴에 잘 새기고 실천했으면 해요.

첫째, 삶은 가만히 있는 사람에게 꿈의 선물을 주지 않는다는 거예요. 자신이 꿈의 선물을 받고 싶다면 그 꿈의 선물을 받기 위해 거기에 맞는 계획을 세워 꾸준히 실천해야 한답니다.

둘째, 새로운 세계를 꿈꾼다면 변화를 두려워하지 마세요. 변화를 두려워하면 아무것도 할 수 없거든요. 그냥 믿고 받아들이는 거예요.

셋째, 모험을 겁내지 마세요. 이 세상은 모험으로 가득 차 있지요. 모험을 즐기세요. 그러면 모험도 아주 자연스러운 것이 되거든요. 처음 먹어 본 음식도 자꾸 먹다 보면 입에 맞게 되잖아요. 모험 없는 성공은 없는 법이지요.

넷째, 늘 긍정적인 마음을 갖고 최선을 다해야 해요. 마음은 간절히 원하면서 부정적으로 생각한다면 그 어떤 것도 결코 이룰 수 없답니다. 부정적인 생각은 인생의 독이지요. 그러니까 부정적인 생각은 절대 금물이에요.

다섯째, 자신을 이기는 사람이 되어야 해요. 아무리 꿈이 원대하고 멋지다 할지라도 자신에게 지면 그 어느 것도 할 수 없어요. 자신을 이겨내는 사람이 결국은 승리를 하거든요.

여섯째, 시간은 사람을 기다려주지 않는답니다. 시간은 날아가는 화살과 같고 흐르는 강물과 같지요. 시간을 잘 쓰는 사람이 되어야 해요.

일곱째, 신념을 뛰어넘는 재능은 없어요. 재능을 살리지 못하면 재능은 단지 재능으로 그칠 뿐이지요. 재능을 살려 꿈을 이루는 것은 바로 실천이랍니다. 이를 꼭 기억하고 끈기 있게 실천하세요.

더 많은 것을 말하고 싶지만, 이 책을 읽고 각자가 느끼고 생각해 보기 바랍니다. 그러면 반드시 무언가가 자신의 마음을 강하게 끌어당기는 것을 느낄 수 있을 거예요.

그러면 그것을 꽉 잡아서 자신의 마음속에 간직하고 실행으로 옮기세요. 그리고 결과를 얻을 때까지 계속하세요. 그러면 "아, 이거구나!" 하는 분명한 것이 여러분들에게 꿈의 선물을 안겨줄 거예요.

안데르센은 "자기를 아는 것이 참다운 진보다"라고 말했어요. 이는 자기를 잘 아는 것이야말로 발전적인 미래를 맞이할 수 있다는 의미지요.

자신이 진정 행복한 삶을 살기를 원한다면 자신을 똑바로 아는 지혜가 필요해요. 그래야 그 어떤 상황에서도 자신을 극복하게 되고 자신을 성공의 길로 나아가게 할 수 있으니까요.

여러분, 여러분들은 잘할 수 있을 거예요. 선생님이 언제나 여러분 편에서 응원해주고 기도해 줄게요.

모두 모두 자신의 꿈을 꼭 이루길 기원하며.

10대들의 꿈을 응원하며.

김 옥 림

TEENAGER

PART 01
모험이란 강을 두려워하지 않기

PART 02
희망의 엔진에 꿈의 날개를 달아라

PART 03
주어진 일에 최선을 다하기

TEENAGER

PART 04
부지런한 사람이 큰사람이 된다

TEENAGER

Part 01

모험이란 강을
두려워하지 않기

준비하는 사람에게
변화는 새로운 기회다

변화는 새로움으로 가는 필수 코스다

삶은 늘 새로운 변화를 꿈꾸지요. 변화가 없는 삶은 지금보다 더 나은 미래를 보장할 수 없답니다. 변화 없는 삶은 퇴보를 의미하지요. 퇴보란 지금보다 못한 결과를 가져오는 삶의 족쇄입니다. 현실에서 더 나아가지 못하게 하는 방해꾼입니다. 그래요, 방해꾼이지요. 자신이 하고 싶은 것을 못하게 한다면 어떤 마음이 들까요?

당연히 속이 상할 거예요. 그리고 "엉엉" 울고 싶은 마음이 들겠지요. 변화 없는 삶이란 바로 이런 것과 같은 것이지요.

한번 생각해 보세요.

다른 친구들은 날마다 달라지는 모습이 보이는데 나는 어제나 오늘이나 똑같다면 어떤 생각이 드는지를. 아마도 속이 상해서 "엉엉" 울고 싶을 거예요. 혹여, 이런 마음이 들지 않는다면 이는 심각한 문제가 될 수 있답니다. 변화란 새로운 내가 되기 위해서는 반드시 거쳐야 하는 필수 코스지요.

변하지 않으면 더 나은 내일은 없다

영국 웨일스의 한 도시에는 휴대폰 외판원을 하는 폴 포츠라는 사람이 있습니다. 그는 잘 생기지 못한 얼굴에 배도 불뚝 튀어나왔고 이빨도 뻐드렁니에 완전 비호감이지요. 못생긴 외모로 어릴 땐 왕따까지 당했다고 해요. 가난한 그에게 하루하루는 힘겹고 고통스러웠습니다. 그는 계속 지금처럼 산다면 자신의 인생이 너무 불쌍하다는 생각을 하기 시작했지요. 그래서 그는 자신이 변해야겠다고 다짐했답니다. 그런데 아무것도 가진 것이 없는 그는 무엇으로 자신의 인생을 변화시킬 것인지에 대해 곰곰이 생각한 끝에 노래를 해야겠다고 결심을 했지요. 그는 노래를 잘 불렀거든요. 결심을 하자 그의 가슴 한구석에서 '나도 할 수 있는 게 있다. 나는 잘할 수 있을 거야.'라는 마음의 소리가 들렸지요. 무언가를 하려고 굳은 결심을 하면 그런 마음의 소리가 들리거든요. 그래서 그는 외모는 비록 비호감이지만 용기를 내서 영국 ITV1 프로그램인 '브리튼스 갓 탤런트'에 출연했습니다.

"저런 외모에 저런 몸으로 노래를 부르겠다고? 오 마이 갓."

그를 본 심사위원들과 방청객들은 비아냥거리며 그를 조롱했지요. 하지만 그는 전혀 개의치 않았답니다. 왜냐하면, 그것이 자신을 새롭게 변화시켜줄 유일한 희망이라고 믿었기 때문이지요. 하지만 그들의 비아냥거림은 오래가지 않아 찬사로 바뀌었지요. 그들은 멋지고 감동적인 노래를 부른 폴 포츠에게 기립박수를 보내며 열광했답니다. 그는 1,350만 명의 시청자가 지켜보는 가운데 우승을 거머쥐었지요. 그에게 가장 냉소적이던 심사위원인 사이먼 코웰은 "당신은 우리가 찾아낸 보석"이라고 칭찬을 아끼지 않았지요. 폴 포츠는 상금으로 받은 10만 파운드(1억 8,400만 원)로 카드빚을 갚고 교통사고로 삐뚤어진 이를 교정하고 나머지 돈으로 생활의 안정을 찾았지요. 그의 변화가 더 놀라운 것은 그는 악성종양을 이겨내고 이룬 것이기 때문이지요. 그는 〈공주는 잠 못 이루고〉, 〈마이 웨이〉를 비롯한 주옥같은 노래를 담아 그의 인생에 있어 첫 앨범인 〈원 챈스〉를 내고 오페라 가수로 정식 데뷔하였지요. 이 앨범은 발매 3일 만에 8만 장이 팔리며 DB 케이(UK) 차트 1위를 차지했지요.

"자신이 정한 길을 따라 뒤돌아보지 말고 나가십시오. 사람 일은 앞으로 어떻게 될지 모르는 것이니, 나중에 후회하는 일이 없도록 매 순간 최선을 다해 노력하십시오."

폴 포츠는 자신의 성공을 묻는 사람들에게 이렇게 말했습니다.

가난한 휴대폰 외판원인 폴 포츠!

그는 자신의 인생에 있어 새로운 변화를 시도했고 그

변화에서 당당하게 성공을 거두었습니다.

자신이 정녕, 지금보다 더 나은 자신으로 발전하고 싶다면 새롭게 자신을 변화시키는 일에 온 힘을 기울여야 합니다. 그것만이 자신을 지금보다 더 나은 자신으로 새롭게 변화시킬 수 있답니다.

포항제철공고 유병연 군은 학교에 다니는 동안 금속재료시험기능사, 초음파 비파괴 검사 기능사, 전기 용접, 워드프로세서 1급 등 무려 23개나 되는 자격증을 취득했지요. 말이 23개지 이는 매우 놀라운 일이지요. 그는 평균 한두 달 간격으로 자격증을 하나씩 땄답니다. 그는 고교생 중 전국 최다 자격증 보유자라고 해요. 어떤 분야에서 최고가 된다는 것은 기분 좋은 일이지요. 그리고 자긍심도 생기고요.

그가 이렇게 많은 자격증을 취득하게 된 것은 자신의 전공분야에 도움이 될 것 같아서라고 해요. 이는 곧 자신의 인생을 새롭게 변화시키고 싶은 소망 때문이지요. 그가 더욱 대견스럽고 사람들로부터 칭찬을 받는 것은 자신의 목표를 위해 방학 중에도 학교에 나와 기술을 익혔다고 합니다. 그는 한국기술교육대 신소재공학과에 진학한다고 해요. 그래서 앞으로 제철 분야 연구원이 되어 신소재 분야에서 최고의 전문가가 되는 것이 목표라고 합니다.

자신의 인생에 확고한 목표를 가지고 새롭게 변화를 꿈꾸고 실천한다면 반드시 유병연 군처럼 놀라운 성과를 이루어 내게 될 거예요.

독일 영화계에서 관심과 찬사를 한 몸에 받는 한국인이 있습니다. 그녀는 재독 다큐영화감독인 조성형이란 여성이지요. 그녀는 다큐멘터리 영화로는 28년 만에 그것도 아시아 여성으로는 막스 오퓔스 영화제에서 최고의 상을 받았답니다. 막스 오퓔스 상은 예술성에 중점을 두며 독일 신인에게 주어진다고 합니다. 그녀는 자신의 인생을 좀 더 의미 있고 새로운 인생으로 살고 싶어 부단한 노력을 했지요. 노력 없는 결과는 공허감을 남기지만 열정적인 노력은 빛나는 삶으로 변화시킨답니다. 그녀는 재독동포지만 항상 마음속에는 조국과 고향에 대한 향수가 자

리하고 있었지요. 그래서 '고향과 향수병에 관한 영화'를
만들 계획이라고 해요.

그녀는 아시아 여성으로 누구도 해내지 못한 일을 해냄
으로써 '독일인들이 모르는 독일'을 찾아냈다는 평가와 찬
사를 받으며 이 순간도 더 새로운 내일을 위해 변화를 꿈
꾼답니다.

자신이 정한 길을 따라 뒤돌아보지 말고 나가십시오.
사람 일은 앞으로 어떻게 될지 모르는 것이니,
나중에 후회하는 일이 없도록
매 순간 최선을 다해 노력하십시오.

변화를 두려워하지 말고 즐겨라

사람은 크게 두 가지 인간형이 있지요. 변화를 싫어하는 부정적 인간형과 변화를 좋아하는 긍정적 인간형이 그것이지요. 먼저 변화를 싫어하는 부정적 인간형은 소심하고 자기중심적인 성격의 소유자이지요. 부정적인 생각의 지배를 받는 이유로, 자신이 충분히 할 수 있는 것도 스스로 차단해버려 부정적 사슬에서 벗어나지 못합니다.

그러나 변화를 좋아하는 인간형은 모든 일을 긍정적으로 생각하며 할 수 있다는 생각으로 가득 차 있지요. 그래서 긍정적인 사람은 매사를 긍정적으로 생각하고, 새로운 변화를 주도해 나가는 것이지요. 긍정과 부정은 단 한 글자의 차이지만 엄청난 결과를 초래한답니다.

독일의 시성 괴테는 말하기를 "인간은 언제나 무엇인가를 위한 무엇이어야 한다."라고 했지요. 이 말은 사람은 항상 무엇인가를 해야 하고 그 무엇에 대한 주체가 되어야 한다는 말입니다. 가만히 있는 사람에게는 아무것도 생기지 않지만, 부지런히 움직이는 사람에게는 무엇인가가 손에 쥐어지게 되지요. 이것이 인생순리법칙이랍니다.

요한 볼프강 폰 괴테는 시인이자 소설가이며 사상가이
자 과학자며 정치가이지요. 하나만이라도 하기가 힘들고
어려운데 괴테는 혼자서 이 모든 것을 해내는 능력을 보
였답니다. 이에 대해 "괴테는 특별한 사람이니까 그렇지
요."라고 말하는 청소년들도 있을 거예요.

물론 이 말에도 충분히 이해가 가지요. 한 사람의 천재
는 수만 수십만 아니 수백만의 사람들을 능가할 수도 있
을 테니까요. 괴테는 분명 천재였지요.

그러나 아무리 천재라 할지라도 모든 것을 다 잘할 수
는 없지요. 괴테가 많은 분야에서 두각을 나타내고 뛰어
난 업적을 남길 수 있었던 것은 항상 긍정적인 생각을 하
고 새롭게 변화하기 위해 노력한 결과였지요.

세상은 꿈을 갖고 노력하는 사람에게 소중한 선물을 한
답니다.

괴테는 이런 삶의 이치를 잘 알고 꾸준하게 실천하고 노
력했지요. 그 결과 그는 독일과 유럽을 지나 태평양을 건너
대한민국은 물론 세계적인 인물이 된 것입니다.

동서양을 막론하고 성공한 사람들의 가장 뚜렷한 공통점이 있다면 그들은 지금이란 현실에서 만족하지 않고 새롭게 변화된 내일을 위해 자신의 모든 것을 걸고 도전했다는 것이지요. 그들의 도전은 때론 무모해 보이기도 했지만 결국은 해내고야 말았답니다.

노력 없이 행복한 삶을 그냥 받으려고 하지 마세요. 삶은 가만히 있는 사람에겐 그 어떤 것도 주지 않아요.

그러나 변화하기 위해 애쓰는 사람에겐 그가 받고자 하는 것 이상으로 준답니다.

자신이 성공을 꿈꾸고 성공한 인생으로 남고 싶다면 항상 새로운 변화를 주도하고 이끌고 나가야 합니다.

꿈을 기르는
참 좋은 생각!

01 변화 없는 삶은 지금보다 더 나은 미래를 보장할 수 없습니다. 변화 없는 삶은 자신의 인생을 퇴보시키지요. 퇴보란 삶을 옭아매는 인생의 족쇄입니다.

02 변화란 지금의 내가 더 나은 나로 달라지게 하는 필수 코스이지요. 선택은 언제나 자신이 결정하듯 꿈의 인생의 되고 싶다면 변화라는 필수 코스를 반드시 통과해야만 합니다.

03 앉아서 꾸는 꿈은 그 어느 것도 이루지 못합니다. 꿈은 변화를 즐기는 사람들을 좋아하지요. 왜냐하면, 꿈은 항상 변화하길 바라기 때문입니다.

04 사람은 두 가지 인간형이 있지요. 변화를 좋아하는 긍정적 인간형과 변화를 싫어하는 부정적 인간형입니다. 이 두 가지의 선택이 인생의 성패를 좌우하는 것입니다.

05 삶은 가만히 앉아 있는 사람에겐 그 어떤 것도 주지 않지요. 그러나 변화하기 위해 힘쓰는 사람에겐 받고자 하는 것 이상으로 줍니다.

06 성공을 꿈꾸고 성공한 인생으로 남고 싶다면 항상 새로운 변화를 주도하고 이끌고 가세요. 변화를 주도하는 자가 결국 최후의 승리자로 남게 될 것입니다.

hope class
02

모험이란 강을
두려워하지 않기

모험 아닌 인생은 없다

사람이 살아가는 데 있어 모험 아닌 것은 없지요. 삶은 그 자체가 모험이니까요. 그런데 많은 사람은 모험을 두려워하지요.

그러나 결코 두려운 것이 아니랍니다. 모험은 사람이 살아가는 데 있어 늘 부딪치고 만나게 되지요. 그렇다면 어떻게 해야 모험을 두려워하지 않고 자연스럽게 받아들일 수 있을까요. 그것은 간단합니다. 모험을 늘 만나는 친구처럼 생각하고 받아들이세요. 마치 아무렇지도 않은 것처럼 말이에요. 처음엔 낯설고 두렵지만 내가 먼저 다가 가는 거예요. 그러면 모험이란 짐승은 이리처럼 눈을 부릅뜨고 으르렁거리다가도 꼬리를 흔들며 다가올 거예요. 자신에게 먼저 손을 내미는 데 적으로 여기지는 않는 법이죠. 모험은 내가 두려워하면 할수록 무서운 짐승 같지만 아무렇지도 않은 것처럼 자연스럽게 받아들일 수 있다면 자신의 인생에 성공의 디딤돌이 되어준답니다.

"산은 올라오는 자에게만 정복되는 것을 알아야 한다"고 알랑은 말했지요. 그렇습니다. 산을 오르려고 시도하지 않는 한 그 산은 절대 그런 사람에게 정복당하지 않습니다. 그 산을 정복하고 싶다면 투철한 모험정신으로 무장하고 올라가야 합니다.

모험을 겁내지 않고 모험을 즐기는 사람이 아름답습니다. 세상은 모험을 두려워하지 않고 자기 뜻을 향해 나아간 사람들에게 성공이란 월계관을 씌어주었지요. 10대는 꿈을 이루기 위해 준비하는 시기입니다. 이 좋은 시기에 도전과 모험정신을 길러야 합니다.

당신이 꿈을 찾아 모험한다면
문이 있으리라고 전혀 예상하지 못했던 곳에서
문이 열릴 것이다.

-조셉 캠벨

모든 성공은 모험을 통해 이루어진다

가난한 시골 청소년에서 우리나라 최고의 기업가가 된 현대그룹 창업주인 정주영 회장! 그는 맨주먹으로 성공신화를 이룬 독보적인 사람이지요. 그는 두메산골에서 태어났지만 남다른 포부와 꿈이 있었지요.

"나는 이런 시골에서 평생을 가난하게 살 수 없어. 나는 고향을 떠나 서울로 갈 거야. 그래서 나는 부자가 될 거야."

라고 자신에게 말했습니다. 하지만 소년 정주영의 생각과는 달리 그의 아버지는 정주영이 장남으로서 농부가 되길 바랐지요.

그런데 큰 포부를 지닌 정주영에게 이런 아버지의 생각은 아무 소용이 없었습니다. 정주영은 모험을 결심했지요. 그것은 자신의 꿈을 이루기 위해 집을 떠나는 것입니다. 아버지의 반대를 잘 알기에 그는 가출을 택했지요.

세 번째 가출까지는 그를 찾아온 아버지로 인해 실패로 끝났지만, 마지막 네 번째 가출은 아버지도 승낙하고 말았지요. 왜냐하면, 그것이 아들에게 주어진 길이라고 여겼기 때문이지요. 이것이 정주영에게 있어 첫 번째 모험이었지요.

　정주영은 부둣가 막노동꾼으로 일하며 돈을 벌었고, 그 다음엔 삼창정미소 쌀 배달꾼이 되어 돈을 벌었습니다. 정주영은 비록 초등학교밖에 나오지 않았으나 많은 책을 읽고 미래를 준비한 지혜롭고 의지가 굳은 소년이었습니다. 그리고 매우 성실하고 책임감이 강하고 부지런하고 정직했습니다. 그의 이러한 모습은 주인에게 믿음을 주었고 쌀 배달꾼 1년 만에 정미소 사무 일을 맡아보게 되었지요. 이는 정주영에게 있어 아주 파격적인 일이었지요. 그만큼 정주영은 책임감과 소신이 분명한 사람이었지요.

　그 후 정주영은 '경일상회'라는 쌀가게를 차렸지요. 그는 성실한 자세와 신용으로 많은 고객을 확보하게 되었지요. 그의 통장에는 점점 많은 돈이 쌓여갔습니다. 그러자 그는 새로운 사업을 구상했습니다. 그는 구상 끝에 '아도 서비스'라는 자동차 수리공장을 차렸습니다. 그는 자동차에 대해서는 전혀 알지 못했지만, 모험을 감수하며 시도하였지요. 이것이 그에게 있어 두 번째 모험이었지요. 그는 정직과 성실 그리고 신용과 친절로써 많은 고객을 확

보했지요.

그러나 불행하게도 시련이 찾아왔답니다. 직원의 사소한 실수로 사업장이 불타버리고 만 것입니다. 그는 그 일로 모든 것을 다 잃었지만, 절대 좌절하지 않았어요. 그는 그동안 쌓아온 믿음과 신용으로 돈을 빌려 '일진공작소'라는 자동차 정비공장을 다시 차렸지요. 그는 열심히 일한 끝에 3년 만에 빚을 다 갚고 돈을 벌었습니다. 그리고 또다시 모험을 감행했지요.

정주영은 '현대자동차공업사'란 회사를 차렸어요. 이것이 오늘날 세계 속에 '현대자동차'를 만든 모태가 되었답니다. 정주영은 이에 만족하지 않고 새로운 분야에 모험을 시작했지요. 그는 1947년 '현대토건사'라는 건설 회사를 창업한 것입니다. 그를 보고 사람들은 무모하고 미련한 사람이라고 말했지만, 정주영은 전혀 굴하지 않았지요. 왜냐하면, 자신에겐 반드시 성공할 수 있다는 신념이 불타고 있었기 때문이지요. 그는 기술력도 돈도 모든 것이 타 회사보다 부족했지만, 오직 믿음과 신용 그리고 부지런함과 정직을 바탕으로 실행에 옮겨나갔답니다.

그런데 미군들이 본국으로 철수하면서 어려움이 찾아오자 정주영은 '현대자동차공업사'와 '현대토건사'를 하나로 통합하여 '현대건설 주식회사'를 발족했지요. 그리고 6·25전쟁이 일어나자 부산으로 거처를 옮겨 부산 수영비행장 막사를 세우는 공사를 맡아 미군으로부터 신용을 얻어 또다시 수원비행장 복구 사업 공사를 맡게 되었지요.

그 후 정주영에게 또 다른 기회가 찾아왔지요. 1952년 대통령에 당선된 아이젠하워가 한국을 방문하는 일이 있었어요. 그때 미8군에서는 아이젠하워를 영접하기 위해 운현궁을 숙소로 정했지요. 그래서 보일러실이며 화장실을 비롯해 내부를 단장하는 일에 정주영이 나섰지요. 그 당시는 전쟁 중이라 변변한 물자가 부족하던 때였답니다. 다른 경쟁사들은 엄두도 못 내는 일을 덜컥 저지르고 말았는데, 정주영에겐 신념이 있었기 때문이지요. 그것은 남들이 망설일 때 하라,는 것이지요. 그 당시 그 일은 정주영에겐 크나큰 모험이었던 거예요. 하지만 그는 완공 날짜보다도 빨리 일을 끝냈지요.

그 일이 있고 난 뒤 아이젠하워가 부산에 있는 유엔군

묘지를 참배하러 방문하는데 겨울이라 잔디가 없어 유엔군 묘지는 그야말로 썰렁함 그 자체였어요. 그러자 이번에도 미군은 정주영에게 유엔군 묘지를 파랗게 단장해 주면 공사비의 3배를 주겠다고 제안했던 것입니다. 한겨울이라 이는 상식적으로는 불가능한 일이었지요.

그러나 정주영은 자신이 책임지고 하겠다고 약속을 했던 거예요. 다른 직원들 얼굴엔 걱정이 태산 같았지요. 하지만 정주영은 아주 태연했답니다. 정주영은 걱정근심으로 벌레 씹은 얼굴을 하는 직원들에게 지금 당장 보리농사를 짓는 농가를 찾아 보리를 밭떼기로 몽땅 사들이라고 말했지요. 그제야 직원들은 무릎을 치며 그의 의도를 알아챈 거지요.

정주영은 사들인 보리로 유엔군 묘지를 파랗게 단장해서 미군들을 놀라게 했답니다. 이 일은 정주영의 남다른 뛰어난 순발력과 지혜 그리고 모험심을 엿볼 수 있는 좋은 예지요.

그 후 미군들은 정주영에게 깊은 신뢰를 보내며 자신들이 하는 일을 정주영에게 맡겼답니다.

전쟁이 끝나고 나서 정주영은 축적된 노하우와 신념으로 하는 일마다 눈부신 성과를 이루어 내며 조국의 경제 발전에 지대한 영향을 끼치게 되었지요. 그리고 한국경제의 선봉에 서서 한국경제를 새롭게 부흥시키며 세계 속의 대한민국으로 우뚝 서게 하는 데 일조하였답니다.

정주영은 모험을 두려워하지 않았으며 그 모험을 통해 새롭게 변신에 변신을 거듭한 신념과 의지의 경영인이었습니다.

모험을 게임처럼 즐겨라

미국의 정치가이자 피뢰침을 발명한 벤저민 프랭클린!

그는 초등학교도 겨우 1년만 다녔지만, 책 읽기를 아주 좋아했지요. 그리고 집안일을 거드는 일을 하며 어린 시절을 보냈지요.

그러나 그의 가슴속에선 꿈이 자라고 있었지요. 무언가를 이루고 싶은 간절한 열망. 그의 간절한 열망은 그의 마음속에서 잠자고 있는 모험심을 끝없이 자극했지요. 프랭클린은 열정적인 욕망과 모험심으로 피뢰침을 발명함으로써 위대한 발명가로 우뚝 서게 되었지요.

프랭클린은 거기에 만족하지 않았답니다. 그는 더 나아가 국가를 위해 자신이 해야 할 일에 대해 모험을 시도했지요. 그는 조국인 미국과 프랑스의 동맹을 끌어내고 프랑스로부터 재정적 지원을 받는 일을 성사시켰지요. 그리고 미국을 세계 속의 강대국으로 만드는 일에 모험을 하지요. 바로 미국을 과학의 나라로 만드는 거였지요. 그는 미국의 젊은이들에게 프랑스의 과학을 배우게 하고 프랑스 기술자와 과학자들을 미국으로 오게 하여 그들의 축적된 노하우를 배우며 미국을 과학의 선진국으로 만들었지요.

프랭클린의 모험적 결행은 오늘의 미국을 있게 한 원동력이 되었답니다.

이처럼 세계의 역사는 모험을 두려워하지 않는, 모험을 받아들이고 극복한 사람들에 의해 발전되어왔지요. 이 세상엔 모험 아닌 것은 그 어느 것도 없지요. 모든 것이 다 모험에서 비롯되고 모험으로 진행되며 성공의 결실을 이루지요. 모험은 더 많은 승리를 주기 위한 인생의 필수 조건이지요.

퀸틸리아누스는 "일을 시작하려 할 때, 언제부터 시작할까를 생각하면 이미 때가 늦은 것이다"라고 말했는데 정주영은 이를 잘 적용한 귀재였습니다.

기회는 사람을 기다려주지 않는답니다. 사람이 기회를 찾아가야 하지요. 그런데 모험의 강이 가로놓여있다고 해서, 할까 말까 망설이고 주춤주춤하다 보면 나에게 올 기회는 다른 사람에게로 가 버리고 말지요.

그런데도 모험하기를 주저해야 할까요?

모험, 그까짓 것 아무것도 아냐, 나는 해낼 수 있어, 하고 자신의 내면세계에다 용기를 불어넣으세요. 모든 것은 생각의 차이에 불과합니다. 긍정적으로 생각하느냐 부정적으로 생각하느냐에 따라 모든 성패가 결정되듯 모험을 받아들이느냐 두려워하느냐에 따라 역시 성공과 실패가 결정되지요.

정주영의 성공 비결은 첫째는 모험을 두려워하지 않았고 둘째는 생각의 속도가 빨랐으며 세 번째는 신념으로 가득 찬 불굴의 도전정신이며 네 번째는 정직했으며 다섯 번째는 신의와 믿음이며 여섯 번째는 철저한 책임의식에 있었지요. 특히, 그중에서 가장 기본적인 것이 모험을 두려워하지 않는 것입니다. 생각의 빠른 속도도 신념도 정직성도 믿음도 책임의식을 가지고 있어도 모험을 두려워하면 성공의 길에서 멀어지게 되지요.

벤저민 프랭클린 역시 모험을 두려워하지 않고 생각의 속도를 최대한 높이고 신념과 의지 그리고 강력한 실천으로 성공을 이뤄냈답니다.

인생에 있어서 10대는, 10대라는 자체만으로도 행복하지요.

그러나 현실에서의 10대는 아주 냉혹하리만치 힘든 시기이기도 하지요. 일찍 등교하고 학교에서 학원으로 매일 똑같은 일을 반복하는 10대!

그렇다고 해서 이런 과정을 자신만 피해 갈 수는 없지요. 이 또한 인생에 있어 모험이라고 생각하세요. 놀고 싶은 것, 구경하고 싶은 것, 잠자고 싶은 것, 맘껏 하지 못하는 그 마음을 인내해 내는 마음은 분명 10대에게 있어 하나의 커다란 모험이지요. 이런 과정을 잘 극복하고 어른이 되어 부딪치게 되는 모험을 극복해낼 수 있다면 그 사람은 자신의 인생을 승리로 끌어내는 확률이 그만큼 높은 것이랍니다.

꿈을 기르는
참 좋은 생각!

01 성공하고 싶다면 모험이란 강을 두려워하지 말고 건너가세요. 모험은 성공으로 가는 필수조건입니다.

02 삶은 그 자체가 모험입니다.

03 모험은 두려워하면 할수록 무서운 짐승과 같지만 아무렇지도 않은 것처럼 자연스럽게 받아들일 수 있다면 성공의 디딤돌이 될 것입니다.

04 모든 성공은 모험을 통해 이루어지지요. 모험 없는 성공은 그 어디에도 없습니다.

05 세계의 역사는 모험을 두려워하지 않는 신념의 실천자에 의해 날마다 새롭게 변화하고 있습니다. 모험이란 무릇 강한 신념에서 오지요.

06 모험을 게임처럼 즐기세요. 모험은 자신의 인생을 새롭게 변화시키는 승리의 법칙 게임입니다.

경청은 참 좋은
성공습관이다

경청은 아름다운 미덕이다

남의 말을 잘 들어준다는 것은 쉬운 것 같지만, 생각보다 어렵답니다. 사람들은 대개 남의 말을 듣기보다 자신의 말을 들려주기를 좋아하기 때문이지요. 어떤 상황에서 상대방에게 대화의 주도권을 넘겨주다 보면 자신이 부족한 듯싶어 자존심 상해하지요.

그러나 이는 잘못된 생각입니다. 사람들은 자신의 얘기를 잘 들어주는 사람들에게 친근감을 느껴 좋아하지요. 남의 말을 잘 들어만 주어도 상대방은 자신을 이해심 많고 마음이 너그러운 사람이라고 여기고 마음을 열고 다가오지요. 그래서일까, 성공한 사람 중엔 남의 말을 잘 들어주는 사람들이 많습니다.

남의 말을 잘 들어 준다는 것은 대화가 부족한 현대사회에서 매우 바람직한 자세이죠. 이는 현대인의 처세술로 여겨도 좋을 만큼 사람과 사람 사이에 꼭 필요한 삶의 요소입니다. 경청은 절대 나를 상대방보다 못하다는 인식을 심어주는 약점이 되는 일이 아니지요. 오히려 그 반대로 경청은 아름다운 미덕입니다.

"친구들이 내 인생을 만들었다"라고 헬렌 켈러가 말했는데 그녀는 친구들과의 어울림을 통해 경청의 소중한 의미를 알았기 때문이지요. 그녀는 말하지도 보지도 듣지도 못했지만 느낌으로 모든 것을 알 수 있었고, 그를 통해 자신이 하고 싶은 일을 성공적으로 해낸 불굴의 여성이랍니다.

경청!

경청은 열 마디, 백 마디, 아니 천 마디의 말보다 더 강한 힘을 발휘하는 성공하는 인생의 필수조건이지요.

당신이 말을 할 때는
당신은 이미
알고 있는 것들만 이야기합니다.

하지만,
당신이 경청할 때는
당신이 몰랐던
새로운 것들을 배우게 됩니다.

−달라이 라마

경청은 말하는 것보다 강하다

주영은 요즘 고민으로 밤잠을 이루지 못합니다. 중학교 2학년이 되고 나서 단짝 친구인 영조와 심한 말다툼을 했기 때문입니다.

새 학기가 시작되고 나서 일주일째 되던 날입니다. 국어 시간에 토론을 하게 되었는데 마침 주영과 영조가 서로의 입장을 발표하게 되었지요. 주영은 활달하고 거침없이 말하는 성격이고, 영조는 차분하지만, 자신의 주관이 강한 성격입니다.

둘은 '기부 문화의 중요성은 무엇인가'라는 논제를 가지고 토론을 벌였지요. 둘은 아주 진지했고 학급 친구들은 둘의 논쟁을 아주 관심 있게 지켜보았지요. 그러다가 더 공감이 가는 친구의 말엔 큰 박수로써 화답했지요.

그런데 문제는 주영이의 자제력 없는 태도가 영조를 화내게 했답니다. 주영은 자신의 말에 너무 의욕을 앞세우는 바람에 영조의 말을 끝까지 듣지도 않고 자신의 말을 하느라 여념이 없었지요. 그러자 반 친구들은 주영의 기세에 영조가 밀리는 것처럼 여기고 주영의 말에 크게 손뼉을 쳐주었지요. 그런 반응에 더 신이 난 주영은 영조가 한마디 하면 세 마디 네 마디를 하며 영조를 우스운 친구로 만들어버렸습니다.

공부가 끝나고 둘 사이엔 험악한 분위기가 연출되었지요.

"야, 이주영, 네가 어떻게 나한테 그럴 수 있니?"

"뭘?"

"정말 몰라서 묻는 거야?"

"뭘 되물어? 쉽게 말해 봐. 무슨 얘긴지……"

"국어 토론 시간에 내가 말할 순서까지 가로채서 날 바보로 만드니? 다른 친구들 앞에서 꼭 그렇게 해야겠어?"

"난 또 뭐라고. 그게 그렇게 큰일이니?"

"넌 아닐지 모르겠지만 난 아냐. 적어도 친구를 생각한다면 그럴 순 없지."

"참, 별것도 아닌 것 가지고 그러냐? 여자애도 아니고……"

주영은 그때까지만 해도 자신이 무엇을 잘못했는지 몰랐지요.

"그래?······알았다. 네가 정 그렇게 생각한다면 더는 말할 가치가 없구나. 그만두자."

영조는 이렇게 말하고는 쌩한 얼굴을 하며 집으로 갔답니다.

"체, 되게 웃기네. 말 못하는 게 바보지 뭐."

주영은 이렇게 말하며 침을 탁 뱉고는 투덜거리며 집으로 갔지요.

그러고 나서 열흘이 되는 동안 둘 사이는 얼음처럼 냉랭해 주변 친구들까지 썰렁하게 했지요. 그들 사이를 잘 아는 친구들은 화해하라고 권유했지만, 그 둘은 듣는 둥 마는 둥 서로 소 닭 보듯 했습니다.

그러던 어느 날 둘 사이에 문제를 직감한 아버지가 주영에게 말했지요.

"주영아, 요즘 영조가 통 보이지 않는구나. 너하고 무슨 일 있니?"

"······."

"아무 말 없는 걸 보니, 무슨 일이 있는 게 분명하구나."

"영조 걔 되게 웃기는 애에요."

아버지 말에 잔뜩 볼이 부어서 주영이 말했답니다.

"그래? 영조가 뭘 잘못했는데?"

주영은 아버지 말에 그동안 있었던 일을 털어놓았지요. 주영의 말을 다 듣고 난 후 아버지가 말했지요.

"주영아, 이번 경우는 네가 잘못했구나. 넌 친구에 대한 배려 없이 네 말만 했으니 영조가 화나는 게 당연하지."

"뭐가 당연해요, 아버지?"

주영은 아버지를 이해할 수 없다는 표정으로 말했지요.

"넌 영조가 말할 순서를 가로챘던 거야. 만약에 영조가 너한테 그랬다고 한번 생각해 봐라. 넌 어땠을 거 같니? 너 또한 영조가 그랬듯이 화가 났을 거야. 사람은 말이야, 남의 말을 잘 들어줄 줄도 알아야 해. 특히, 친한 친구 사이엔 더욱더 그렇지. 남의 말을 잘 들어주는 것도 말을 잘 하는 거란다. 남의 말은 듣지도 않고 자신의 말만 하는 건 말을 못하는 사람들이 하는 태도지. 넌 네가 말을 잘했다고 여겼지만, 그로 인해 친한 친구를 잃게 생겼잖니? 그러니 이건 네가 잘못한 거야. 네가 영조를 친구라고 생각한다면 먼저 사과를 해라. 그게 진정한 친구로서 해야 할 일이야."

아버지의 말에 주영은 고개를 끄덕였지요. 아버지 말을 가만히 듣고 보니 자신이 너무 우쭐했다는 것을 알았던 거예요.

"영조야, 내가 경솔했어. 미안해. 진심으로 사과한다."

다음 날 주영은 공부를 마치고 집으로 오는 길에 사과하며 화해를 요청했지요.

"……."

주영의 말에 영조는 아무 말이 없습니다.

"여, 영조야. 사과할게. 미안해……"

주영은 머쓱한 표정으로 재차 사과를 했지요. 그러자 그때야 주영의 진심을 알고 영조가 말했지요.

"그렇게 말해 줘서 고맙다. 나도 미안하다."

"네가 뭘 미안해. 속 좁은 내가 미안하지."

"어쨌든 나도 미안해."

"그, 그래? 그럼 우리 실컷 미안해하자."

"뭐 어? 하하하……"

둘은 이렇게 말하며 큰소리로 웃었답니다.

주영은 영조와의 일을 통해 남의 말을 잘 들어주는 거야말로 진정 말을 잘하는 거라는 걸 알았지요.

"좋은 청취자가 되라. 남이 자기 자신에 대해 말하도록 격려하라." 이는 데일 카네기가 한 말이지요. 그는 좋은 청취자 즉 남의 말을 잘 경청하는 사람이 되라고 말합니다.

현대 사회에서 남의 말을 잘 경청하는 사람, 그 사람은 참 좋은 사람이랍니다.

좋은 청취자가 되라

미국의 교육가이자 저술가인 데일 카네기가 출판업자인 J. W. 그린버그가 마련한 오찬 파티에 참석했을 때의 일입니다. 그는 그곳에서 저명한 식물학자를 만나 대화를 했습니다. 식물학자는 실내정원에 관해 이야기를 하고, 작은 실내정원을 갖고 있던 카네기는 몇 시간 동안 그의 이야기를 열심히 들어주었다고 해요. 그리고 밤이 되어 인사를 하고 카네기가 그 자리를 떠나자 식물학자가 다른 사람들에게 카네기를 가리켜 그는 '남다른 대화의 명수'

라며 칭찬을 했다고 합니다.

　J. C. 우톤이란 사람이 어느 날 뉴욕에 있는 백화점에서 옷을 샀는데 그 옷이 맘에 들지 않았대요. 그래서 그는 백화점으로 옷을 가져가 자신에게 옷을 팔았던 판매원에게 옷을 도로 가져온 이유를 말하려고 했지만 제대로 말하지 못했어요. 그 이유는 판매원이 그의 말을 들어보지도 않고 "우리는 이런 옷을 수천 벌이나 팔았지만 이런 불평은 처음 듣는데요."

　라고 말했기 때문이지요. 그래서 화가 난 우톤은 따져 물었고 결국은 싸움이 벌어졌지요. 그때 다른 판매원이 와서 그에게

　"그 돈으로는 그런 옷밖에 살 수 없어요."

　라고 말했지요. 그의 말은 우톤을 더욱 분노하게 하였답니다. 그래서 백화점이 떠나갈 듯 소리를 치고 있는데 바로 그때 책임자인 지배인이 달려와서 그에게 이유를 말해 달라며 아주 정중하게 말했지요. 그래서 우톤은 자기의 상황을 말했지요. 지배인은 그의 얘기를 차근차근 다 들어주었어요. 그리고 판매직원들에게 우톤의 입장에서

말을 했지요. 그리고 지배인은 원하는 대로 해 주겠다고 말을 했답니다. 우톤은 자신의 말을 끝까지 들어 주고 생각해 주는 그의 친절이 고마워 그에게 조언을 구했지요. 그러자 지배인은 일주일만 입어보고 그래도 마음에 들지 않으면 언제든지 가져오면 조치를 해 주겠다고 말했지요. 지배인의 친절한 마음에 기분이 좋아진 우톤은 기분 좋게 백화점을 나왔고 나중엔 그 백화점을 신뢰하게 되어 단골 고객이 되었답니다.

지배인은 자신은 별말을 안 하고 우톤의 얘기를 차근차근 들어줌으로써 문제를 해결하고 그를 단골 고객으로 만들었죠.

대화의 비결에 대해 찰스 W. 엘리어트 박사는 "대화의 비결은 간단하다. 상대방이 말할 때 주의 깊게 듣는 것이 중요하다"라고 했지요. 그리고 대화의 명수 인터뷰의 명수인 이삭 F. 말코슨은 말하기를 "많은 사람들이 좋은 첫인상을 주지 못하는 것은 상대방의 말을 정중하게 들을 줄 모르기 때문이다"라고 했습니다. 또한, 컬럼비아대학 총장인 니콜라스 무래이 바틀라 박사는 "자기 자신만 생각하는 사람은 무식한 사람이다. 아무리 훌륭한 교육을 받았다고 해도 그는 지성인이 아니다"라고 했지요.

말을 잘하는 것만이 대화의 명수가 되는 것은 아니지요. 정말로 말을 잘하는 사람은 남의 말을 경청하는 데 익숙한 사람입니다. 그리고 이런 사람이 상대방에게 호감을 주고 그의 관심을 끌게 되지요.

강철왕 카네기나 자동차 왕 헨리 포드, 링컨 대통령, 디어 도어 루스벨트 대통령, 영국 총리 처칠을 비롯한 세계적인 인생의 승리자들은 물론 인생을 성공적으로 살고 있는 사람 중엔 남의 말을 잘 들어준 사람들이 참 많습니다. 남의 말을 잘 들어준다는 것은 '참 좋은 대화의 기술'이라는 사실을 잊지 마세요. 그리고 이를 실천하는 청소년이 되어 보세요. 확실히 달라지는 자신의 삶을 경험하게 될 거예요.

경청!

경청은 참 아름다운 대화입니다.

꿈을 기르는
참 좋은 생각!

01 경청은 가장 훌륭한 대화의 기술입니다. 남의 이야기를 잘 들어준다는 것, 그것은 참 좋은 대화입니다.

02 말이 많으면 그만큼 쓸모없는 말도 많은 법이지요. 쓸모없는 말을 함으로써 상대방에게 나쁜 인상을 심어주지 말아야 합니다.

03 경청은 아름다운 미덕입니다.

04 경청은 말보다 강하지요. 남의 말을 잘 들어 준다는 것 그것은 자신의 인격을 한껏 끌어올리는 기회를 제공해 줄 것입니다.

05 성공적인 인생이 되고 싶다면 좋은 청취자가 되세요. 남의 말을 잘 들어 주는 사람에게 호감이 가는 법이지요. 호감은 곧 관심이고, 관심은 곧 좋은 파트너십을 갖게 하는 것입니다.

hope class
04

•

긍정의 힘은
희망을 끌어당긴다

긍정적인 사람이 되기

긍정은 모든 것을 능동적으로 하게 하지요. 이는 긍정
이란 모든 것을 가능하게 한다는 믿음을 내포하고 있기
때문입니다. 그래서 긍정적인 생각을 하는 사람은

"난 할 수 없어. 나 같은 사람이 그것을 어떻게 해. 이
일은 내게 도저히 불가능한 일이야."

라는 말 따윈 하지 않지요. 긍정적인 사람은 오히려 이
렇게 말하지요.

"그래, 난 할 수 있어. 이 일은 나를 필요로 해. 난 꼭 해

내고야 말겠어."

이처럼 긍정적인 생각을 하느냐 그렇지 않으냐에 따라 마음의 자세는 180도 다르게 나타나게 된답니다.

그런데 많은 10대의 이야기에 귀 기울여보면 긍정적인 생각보다는 부정적인 생각으로 꽉 차 있는 것을 볼 수 있답니다. 대개의 10대는 공부하는 것을 즐거움으로 하는 게 아니라 안 하면 안 되니까, 하는 거로 인식하고 있는 것 같아요. 이런 생각을 하는 것도 무리는 아니죠.

하지만 이렇게 생각하는 것은 어떨까요?

10대라는 지금의 시기는 밝은 미래의 내 인생으로 가기 위한 필수 코스라고 말이에요. 이렇게 생각을 바꾼다면 "그래, 이는 내가 꼭 거쳐야 할 내 인생의 필수 코스지. 그러니까 이왕이면 힘들어도 즐겁게 하자."라는 긍정적인 마음으로 변화하게 하지요.

이처럼 작은 생각의 차이도 현격한 차이를 보이는 결과로 나타난다는 것을 잊지 않았으면 해요.

놀라운 긍정의 힘

크라이슬러는 제너럴 모터스사, 포드와 함께 미국의 빅 쓰리Big Three 자동차 회사 중 하나일 만큼 탄탄한 회사였지만, 방만하고 나태하고 무절제한 경영으로 인해 많은 빚을 지고 도산 위기에 빠졌답니다. 마치 바람 앞에 놓인 등불처럼 곧 쓰러질 것만 같이 위태로운 지경에 놓이자 회사 경영주는 리 A. 아이아코카에게 경영을 맡아달라고 부탁을 하였지요. 아이아코카는 포드 회사의 사장을 8년이나 한 사람으로 그 당시 회사 경영에서 물러나 있던 때였지요. 다 쓰러져 가는 회사를 맡는다는 것은 마치 섶을 지고 불구덩이로 뛰어드는 것과 같아서 아이아코카는 잠시 망설였지만, 이내 제의를 받아들였지요. 아이아코카가 위험성을 무릅쓰고 제의를 받아들인 데는 이유가 있지요. 그것은 그에게 아픔이 있었기 때문인데 그는 잘 나가던 포드 자동차 사장 자리에서 해고를 당했기 때문이지요. 그것도 정당한 이유도 없이. 더군다나 아이아코카는 포드 자동차를 위해 열심히 일한 1등 공신이었답니다. 그런 이유로 46세에 포드자동차 사장에 오른 그였는데…….

크라이슬러 사장이 된 그는 회사의 재무 상태와 임직원들의 근무 태도 그리고 조직구조 및 경영구조에 대한 파악에 들어갔답니다. 아이아코카는 매우 긍정적인 사람인지라 무엇이든 긍정적으로 생각하고 결정하고 행동에 옮기는 경영마인드를 원칙으로 했습니다.

파악에 들어간 지 얼마 안 돼 아이아코카는 그 원인을 밝혀냈지요. 그가 밝혀낸 원인은 불필요한 임원이 많다는 것과 일의 구별이 뚜렷하지 않다는 것 그리고 무사안일과 경영마인드 부족 등 겹겹이 쌓인 문제점이 많다는 거였지요.

원인이 밝혀지자 그는 경영쇄신책을 내세워 문제점을 하나둘씩 해결해나가기 시작했답니다. 그러자 회사는 점차 안정을 되찾아서 은행에 진 채무도 다 갚고 흑자를 이루는 회사로 변화시켰지요. 이는 대단한 혁신이었고 미국은 물론 전 세계적으로 아이아코카의 이름이 알려졌지요. 한 사람의 긍정적인 생각은 다 쓰러져가는 회사를 일으켜 우뚝 서게 했답니다.

Postale

지난달에는 무슨 걱정을 했지?
지난해에는?
그것 봐라. 기억조차 못 하잖니?
그러니까 오늘 네가 걱정하고 있는 것도
별로 걱정할 일이 아닐 거야.
잊어버려라.
내일을 향해 사는 거야.

-리 아이아코카

P-C
PARIS

고등학교 2학년생인 전형민 군은 제31회 '아시안 아메리칸 국제영화제'에 초청을 받았다고 해요. 그가 만든 단편영화 〈천국보다 먼 서울〉이 청소년 단편영화 부분에서 인정을 받은 결과이지요. 전형민 군이 만든 〈천국보다 먼 서울〉은 지리적으로는 서울과 가깝지만, 심리적으로는 먼 충남 아산지역 청소년들이 느끼는 소외감과 지역 청소년 문화의 한계 속에서 느낀 답답한 심정을 주제로 한 영화라고 해요. 그는 10대지만 자신이 하고 싶은 일을 긍정적으로 실행에 옮긴 청소년으로서 자부심이 대단하답니다.

　앞의 이야기에서 보듯 긍정적인 생각은 긍정적인 삶의 자세를 갖게 하고 자신이 하고자 하는 것을 실행하게 하는 힘을 주지요. 긍정적인 생각은 놀라운 힘을 발산하는 삶의 에너지이지요.

　"승원이 때문에 걱정이에요. 무슨 애가 도통 새로운 걸 하지 않으려고 하니…… . 이러다 정말 우리 승원이만 낙오자가 되는 게 아닌지 걱정이에요."

　"머리도 그만하면 좋은 편이고 몸도 건강하고 운동도

잘하는 데 뭐가 문제야 그래. 내가 봐도 소극적인 것도 아닌 것 같은데……"

승원이는 중학교 2학년인데 매사에 자신이 없어 합니다. 머리도 좋고 운동도 잘하는 데 지금껏 해 보지 않은 새로운 공부나 일을 할 땐, 망설이고 초조해하며 두려워하는 빛이 역력해 엄마와 아버지는 늘 걱정스럽습니다. 말도 해보고 태권도 도장에도 다녀보게도 했지만, 승원이 마음은 변화가 없었지요.

그러던 어느 날 '자신감을 키우는 아름다운 도전'이라는 청소년을 위한 특강이 있다는 소식을 듣고 엄마는 굳이 싫다는 승원이를 달래 특강이 열리는 곳으로 갔답니다. 강당엔 자리를 채운 많은 청소년으로 넘쳐났습니다. 승원이는 그 모습을 보고도 별로 느낌이 없었어요. 공연히 시간만 죽이는 것 같아 은근히 짜증이 났지요. 하지만 엄마가 옆에 있으니 나갈 수도 없고.

이래저래 불편한 마음만 쌓여가는 데 드디어 유명하다는 강사가 등장했어요. 그는 먼저 신나는 음악에 맞춰 함께 노래를 부르자고 했지요. 음악이 흐르자 그는 익살스러운 동작을 하며 노래를 부르자 아이들도 큰 목소리로 노래를 부르기 시작했지요. 그러자 분위기는 급변하고 말았어요. 즐겁게 노래를 부르는 아이들의 모습은 활짝 핀 꽃처럼 아름다웠어요.

그 모습은 승원이에게 새롭게 다가왔습니다. 무언지는 모르지만 뜨거운 그 무엇이 가슴을 타고 흐르는 것만 같았지요. 신나는 노래가 끝나고 강사의 특강이 시작되었어요.

강사는 모든 성공은 긍정적인 생각에서 온다며 말했지요. 강사는 빌 게이츠에 대해, 박지성에 대해, 스티븐 호킹에 대해, 이순신 장군에 대해, 노벨에 대해, 레이 건 미국 대통령의 성공에 대해 강의를 했지요.

그들의 성공 비결을 첫째, 긍정적인 사고방식 둘째, 실천적 행동 셋째, 지금보다 나은 내일에 대한 비전 넷째, 자신도 위하고 남도 위한 인생으로 살기 다섯째, 안 되면 될 때까지 하는 불굴의 정신 여섯째, 자아의 실현이라고 말했지요. 그리고 지금 이 순간 자신이 용기가 없고 자신감이 없어 무언가를 하는 데 있어 주저하는 사람은 그들의 성공비결을 따라 읽으라고 말했지요. 강당은 떠나갈 듯 읽는 소리로 가득 찼어요. 그런데 주저하던 승원이도 큰 목소리로 따라 읽기 시작했지요. 그 모습을 보고 엄마는 빙그레 웃었지요. 승원이의 모습에서 가능성을 발견했기 때문이죠.

특강에 온 10대 중엔 승원이처럼 자신감이 없고 긍정적이지 못한 청소년들도 있지만, 자신의 자아 계발을 위해 자발적으로 참여한 청소년들도 많았지요. 특히 승원이는 자기 자신을 위해 열심히 노력하는 같은 또래의 청소년들을 보며 그동안 자신이 너무 소극적으로 지내왔다는 것을 피부로 느낄 수 있었지요. 그래서 승원이는 '그래, 나도 무슨 일이든 자신 있게 해 보자. 다른 애들도 하는데 나라고 왜 못해. 내가 바보도 아니고……'라며 자신에게 다짐했지요. 그러자 이상하게도 자신감이 나는 거였어요. 그래서 강사가 하라는 대로 큰소리로 웃으라면 웃고, 소리치고 노래를 부르고 손뼉을 치며 열심히 따라 했지요. 한참을 그리고 나자 가슴이 뜨거워지는 것을 느낄 수 있었어요. 한 번도 경험해 보지 않은 이상한 일이었지요.

그런데 더욱 놀라운 것은 '너도 할 수 있어. 자, 너도 지금 잘하고 있잖아. 그렇게 하면 되는 거야. 모든 것은 마음먹기에 달린 거야. 그러니 겁내지 마. 무슨 일이든 네가 하고 싶은 것을 지금처럼 하는 거야'라는 마음의 소리를 들은 거예요. 이런 경험은 누구나 할 수 있는 건데 어떤 일에 깊이 몰입하다 보면 일어나는 현상이지요.

특강이 끝나고 집으로 오는 길에 엄마랑 피자가게에 들렀지요. 엄마가 피자를 사 주겠다고 해서죠.

"승원아, 특강 어땠어?"

"저 사실은 엄마가 오자고 했을 땐 기분이 별로였는데 와보니 너무 재밌고 참 좋았어요."

"그래, 엄마가 봐도 네가 너무 잘 따라 하더라. 그래서 엄마도 참 좋았단다."

"그래요? 난 오늘 느낀 게 많아요."

"그래? 그게 뭔지 궁금하구나."

엄마는 정말 궁금한지 아주 진지하게 말했어요.

"그건 내가 너무 용기가 없었다는 거예요. 그리고 자신감도 없었고……"

"그랬구나……그래 앞으로 어떻게 할 건데?"

"내가 하고 싶은 건 뭐든지 해 보려고요."

"그래, 좋은 생각이야. 네가 뭘 하겠다면 엄마도 적극적으로 도와줄 게."

"저, 엄마. 피아노 다시 배우고 싶어요."

"그 말 정말이지?"

엄마는 기쁨에 들뜬 목소리로 물었답니다. 그도 그럴 것이 승원이는 초등학교 1학년 때부터 중학교 1학년 때까지 7년 동안이나 피아노를 쳤고 소질도 많았거든요.

그런데 어느 날 갑자기 피아노를 중단한 것입니다. 그때 엄마나 아버지의 실망감은 이루 말할 수 없었지요. 하지만 죽어도 하기 싫다는 아들에게 억지로는 시킬 수 없는 노릇이었지요. 그래서 아주 속상하고 야속한 마음마저 들었었는데…… 근데 피아노를 다시 하고 싶다고 하니 기쁠 수밖에요.

"네, 엄마. 열심히 해서 음대에 가고 싶어요."

"그래, 넌 할 수 있을 거야. 네 마음이 변치 않는다면 말이야."

"엄마, 무슨 일이 있어도 꼭 음대에 들어갈게요."

"그, 그래…… 꼭 그렇게만 하렴. 고맙다, 승원아."

엄마는 이렇게 말하며 눈물을 글썽였습니다. 아들의 변화가 너무도 놀랍고 고마웠지요.

승원이는 '자신감을 키우는 아름다운 도전'이라는 특강을 통해 인생의 목표가 결정된 거지요. 말 한마디가 승원이의 잔뜩 웅크렸던 마음을 활짝 펴 주었지요.

모든 것은 마음먹기에 달렸다

긍정적인 생각은 사람의 마음을 확! 바꾸어 놓는 힘을 가지고 있지요. 모든 것은 마음먹기에 달렸다는 말은 바로 이런 경우를 두고 하는 말이지요. 마음을 어느 쪽에다 두느냐에 따라 그 사람의 인생이 달라지거든요.

세계적인 자기계발 저술가이며 강연자인 노만 V. 피일 박사는 그의 저서

《적극적인 사고방식》에서 "자기 자신을 믿자! 자기의 재능을 신뢰하자! 자기 힘에 대해 겸손하고 확고한 자신이 없으면 성공할 수도 없고 행복할 수도 없다. 건전한 자

신감이야말로 성공의 원천이다"라고 말했답니다. 여기서 자신감이란 긍정적인 생각에서 오는 충만한 마음을 말하는 것이지요. 그래서 긍정적인 마음을 가진 사람에겐 열등감이란 찾아볼 수 없지요. 그러니 긍정적인 생각이 얼마나 중요한지를 잘 알 겁니다.

늘 긍정적인 생각을 하세요!

나는 할 수 있다고 내면의 또 다른 자신에게 속삭이세요. 부정적인 생각이 마음속에 들어오지 못하게 조금도 틈을 주지 마세요. 늘 행복한 꿈을 꾸고 성공한 미래의 내 모습을 상상하기 바랍니다.

성공은 그 꿈을 사랑하고 이루기 위해 노력하는 사람에게 찾아오는 인생의 선물이랍니다.

꿈을 기르는
참 좋은 생각!

01 긍정적인 사람에게는 부정적이고 두려운 마음이 발을 붙이지 못하지요. 이는 긍정적인 생각의 세포가 부정적인 생각의 세포와 두려움의 세포를 먹어치우기 때문입니다.

02 긍정적인 생각은 모든 것을 이루게 하는 놀라운 힘을 발산하는 생의 원천의 에너지입니다.

03 모든 성공은 긍정적인 생각에서 옵니다. 긍정적인 생각 없이 이루어진 성공은 어디에도 없지요. 긍정은 희망을 끌어당기는 힘입니다.

04 늘 긍정적인 생각을 하세요. 늘 할 수 있다는 자신감을 가지세요. 늘 부정적인 말이나 행동은 하지 마세요. 늘 성공을 꿈꿔야 합니다.

05 자신을 믿으세요. 자신의 재능을 신뢰하세요. 확고한 자신감이 없으면 성공도 할 수 없고 행복할 수도 없습니다. 자신을 믿고 행하세요. 그러면 반드시 자신의 꿈을 이룰 것입니다.

전력투구의
법칙을 적용하기

사자는 임팔라를 잡기 위해 전력투구를 한다

백수의 왕 사자!

멋진 갈기를 휘날리며 사냥감을 향해 달려가는 마치 전광석화같이 빠르고 늠름한 수사자를 보면 그 용맹스러움에 감탄이 절로 나지요. 이렇게 멋지고 날렵한 사자도 작은 임팔라를 잡기 위해 시속 70, 80km로 전력투구를 다하지만 사냥 성공률은 20%밖에 안 된다고 합니다. 먹고 살기 위해 사냥하는 사자로부터 살기 위해 달아나는 동물의 필사적인 노력이 백수의 왕인 사자를 형편없는 사냥꾼으로 만들어 버리기 때문이지요. 그래서 사자는 이를 잘 알기에 작은 먹잇감을 사냥할 때도 전력투구를 다 하는 것이지요. 사냥에 성공하지 못하면 기다리는 것은 배고픔과 죽음뿐이니까요.

전력투구!

온 힘을 다해 공을 던진다는 이 말의 의미는 그래서 더욱 사람들의 마음을 의미심장하게 하지요. 전력투구를 바꿔 말하면 최선의 노력을 다한다는 말과 같지요. 만약 누군가가 자신에게 전력투구를 다 하고 있느냐고 물으면 그렇다고 대답할 청소년은 과연 얼마나 될까요? 그 대답이 많을수록 우리 청소년들의 미래는 희망적일 수 있지요.

누구나 꿈꾸는 희망이 말을 한다고 해서 가슴에 품고 있다고 해서 그냥 오는 것이라면 얼마나 좋을까요. 그러면 힘 안 들이고 편안하게 희망을 받아들일 수 있을 텐데…….

그런데 희망은 저절로 오는 법은 없답니다. 희망이 자신에게 찾아오게 하려면 뜻을 세우고 전력투구해야 합니다.

백수의 왕 사자가 그러듯이.

인생이란 꿈의 자동차에 희망의 엔진을 달자

20세기 말 세계 오페라계의 대표적인 선두주자인 체칠리아 바르톨리는 이탈리아 로마에서 태어났지요. 그녀의 부모는 로마 오페라 단원이었어요. 어린 바르톨리는 자연스럽게 음악을 접하게 되었지요. 어머니는 바르톨리에게 노래를 가르쳤어요. 어린 바르톨리에게는 꿈이 생겼지요. 어머니, 아버지처럼 평범한 오페라 가수가 아니라 세계에서 최고가 되는 오페라 가수가 그것이었지요.

바르톨리는 10대가 되면서 자신의 꿈을 이루기 위해 희망의 엔진을 자신의 인생이란 자동차에 장착했죠. 그때의 희망이란 엔진은 힘이 약하고 보잘것없었지요. 아무리 크고 멋진 캐딜락 자동차는 처음부터 멋진 자동차가 아니었지요. 하나하나 부품을 조립해서 만든 것이지요.

바르톨리에게 있어 10대에 품은 희망이란 엔진은 하나의 작은 부품과도 같은 것이었지요. 바르톨리는 힘 좋은 희망의 엔진으로 만들기 위해 노력에 노력을 다했지요. 그러자 그녀 희망의 엔진 성능은 점점 몰라보게 좋아졌답니다. 물론 힘들고 어려운 점도 많았지요. 어떤 때는 정말 내가 잘 해낼 수 있을까, 하는 미래에 대한 불안한 마음도 들었지요.

그러나 바르톨리는 그때마다 희망의 엔진을 더욱 크게 가동하기 위해 노력했지요. 참고 견디는 자에게 희망은 찾아오는 것이지요. 드디어 바르톨리에게 기회가 왔어요. 그녀 나이 19세 때인 1985년 바리톤 레오 누치와 함께 텔레비전 쇼에서 노래를 부르게 되었지요. 그로 인해 오페라가수로서의 충분한 가능성을 인정받는 계기가 되었는데 특히 헤르베르트 폰 카라얀이나 다니엘 바렌보임과 같은 세계적인 지휘자들로부터 주목을 받았어요.

바르톨리는 오페라 작곡가인 로시니가 작곡한 〈세비야의 이발사〉의 로시나와 〈라 체네렌톨라〉의 주연 배우와 모차르트의 〈피가로 결혼〉의 케루비노와 〈코시 판 투테〉의 도라벨리의 역을 맡아 열연했지요. 그녀는 메조소프라노임에도 불구하고 소프라노가 맡는 역인 모차르트의 〈돈 조반니〉의 체를리나와 〈코시 판 투테〉의 데스피나도 맡아 자신의 실력을 유감없이 보여주었지요.

바르톨리가 부른 노래는 크게 히트하면서 그녀를 세계

적인 오페라 가수로 우뚝 서게 했답니다. 바르톨리는 시즌마다 출연 횟수를 제한하여 자신의 관리에도 뛰어난 가수로 정평이 나 있지요. 바르톨리는 세계적인 오페라 가수로 성공한 것은 끊임없는 노력과 자신을 잘 관리하면서 하루하루를 지내왔기 때문이지요. 바르톨리가 10대 때 인생이란 자동차에 품은 희망의 엔진은 약하고 보잘것없었지만, 나중엔 고출력 희망의 엔진이 되어 그녀의 인생이란 자동차를 쌩쌩거리며 달려가게 했던 것입니다.

세계에서 두 번째로 부자인 워런 버핏은 자신의 총재산의 85%인 370억 달러를 빌 게이츠 재단에 기부했답니다. 370억 달러라는 돈은 우리 돈으로 자그마치 36조에 해당하는 어마어마한 액수지요.

그런데 이 엄청난 돈을 사회에 기부를 한 거예요. 이는 역사상 세계 최고의 기부액이라고 합니다. 그가 이렇게 많은 돈을 기부한 것은 자기가 번 돈은 자신의 뛰어난 재능이 아니라 미국 사회가 만들었다는 그의 철학과 세계적인 강철왕 카네기처럼 인생을 살고 싶었기 때문이라고 해요. 이러한 그의 '부의 철학'은 많은 사람에게 큰 감동을 주었지요.

그러한 워런 버핏이 더더욱 사람들을 감동을 준 것은 그처럼 많은 돈을 가지고 있으면서도 그는 고향인 네브래스카주 오하마에 지금도 38년 전에 산 허름한 집에서 살고 있다는 거예요. 그가 참으로 검소하고 겸허한 사람이라는 것을 알게 하는 좋은 증거이지요.

워런 버핏의 희망은 자신이 돈을 많이 벌면 사회를 위해 쓰겠다는 것이었죠. 그는 11살 때부터 주식 거래를 했는데 그 어린 나이에 벌써 이런 생각을 했다니, 성공한 사람은 역시 뭔가 다르다는 것을 알게 해 주는 대목이 아닐까, 하네요. 하지만 이를 달리 말하면 뜻이 좋으면 그만큼 희망도 그 사람을 도와주는 것은 아닐까요?

워런 버핏은 11살이라는 10대부터 가슴속에 희망의 엔진을 장착하고 인생의 꿈을 향해 달렸던 거예요, 그 결과 그는 출력이 강한 희망의 엔진을 장착한 인생이란 자동차를 타고 미국 국민들의 존경을 한 몸에 받으며 멋진 질주를 하고 있답니다.

"남을 움직이게 하려면
나 자신을 움직여라
세상을 움직이려면 먼저
나 자신부터 움직여야 한다."
–워런 버핏

60이 넘은 공학 교수가 성악에 입문한 지 3년 만에 성악의 본고장인 이탈리아에서 독창회를 열어 주변 사람들을 놀라게 했지요. 그는 63세의 김필규 교수이지요. 그가 이탈이라 독창회를 열게 된 계기는 그의 노래가 담긴 음반이 우연한 기회에 이탈리아에 소개되면서라고 합니다.

  김 교수가 부른 노래는 '오 솔레 미오'를 비롯한 9곡인데 이번 독창회를 마련한 이탈리아 지휘자인 피나첼리는 그를 가리켜 "정열적인 가사 전달은 마치 음악의 마술사를 연상케 한다."라고 극찬을 했다고 해요.

  그가 목소리도 가라앉고 지구력도 떨어지는 늦은 나이에 성악에 도전한 것은 어렸을 때부터 품었던 꿈이었기 때문이지요. 그는 성악이란 희망의 엔진을 가슴에 품고 열심히 레슨을 받았다고 해요. 자신이 하고 싶은 일을, 그것도 환갑을 넘긴 나이에 하니 그 얼마나 가슴이 벅찼을까요.

  그는 온 마음을 다해 연습했고 드디어 결실을 보게 된 거지요. 그것도 성악의 본고장에서 말이죠. 그는 음대를 나오지는 않았지만, 그가 품은 희망의 엔진은 그의 인생의 자동차가 멋지게 주행하는 꿈을 이루게 해 주었답니다.

가슴 밭에 심은 꿈을 발아시켜라

꿈은 가슴에 품고 있으면 아무런 결과도 얻지 못합니다. 그 꿈을 발아시키기 위해서는 열정이란 거름을 주고, 노력이란 물을 부어주며 시시때때로 자신의 꿈을 가로막는 좌절과 시련이라는 잡풀을 뽑아 주어야 해요. 이는 한 알의 씨앗이 땅속에 그대로 묻혀 있다면 아무런 결실을 보지 못하지만, 적당한 온도와 물만 있으면 발아가 되어 꽃을 피우고 열매를 맺게 하는 이치와 같지요.

스케치북과 물감, 이젤과 붓이 준비되어 있다고 해도 그대로 있으면 그림 한 장 그리지 못하지요. 스케치북을 이젤에 올려놓고 물감을 풀고 붓을 들어 화폭에 칠해야 비로소 하나의 그림으로 탄생되는 거지요.

꿈은 백 가지 천 가지 갖고 있은들 그것을 행동으로 옮기지 못하면 아무 소용이 없지요. 꿈을 꾸는 것은 인생이란 자동차에 희망의 엔진을 장착하는 것과 같지요.

그러나 희망의 엔진을 달았다고 해서 꿈의 인생의 자동차가 굴러가는 것은 아니죠. 꿈의 인생이란 자동차가 굴러갈 수 있도록 희망의 엔진 출력을 높여주어야 한답니다. 희망의 엔진 출력이 약하면 그만큼 속도가 나지 않지요. 희망 엔진의 출력을 높여줘야 속도를 높여 멋진 인생의 자동차를 질주할 수 있지요.

재미교포인 조가희란 여성은 25세라는 나이에 USA 투데이가 주는 '2008년도 커뮤니티 칼리지 장학생 베스트 20'에 뽑히는 영광을 누렸지요. 캘리포니아 샌부루노 소재 스카이라인 칼리지에 재학 중인 조가희는 전미 50개 주에 있는 2년제 커뮤니티 칼리지 849개 학교에서 학교장 추천을 받은 1,500명 가운데 학업 성취도와 지역봉사 활동에 대한 엄정한 심사를 거쳐 당당히 선발되어 더욱 의미를 높였답니다. 그녀는 2,500달러의 상금과 트로피를 받았지요. 그녀에겐 꿈의 인생의 자동차가 있는데 그것은 버클리 대학에서 공부하여 의사나 연구원이 되는 것이지요.

이런 그녀의 뜻이 더 아름답게 와 닿는 것은 집안 형편 상 대학 진학을 미루다 대학에 입학하여 공부하면서도 일 본 식당에서 근무하고 개인 교사 활동을 하면서 학점이 3.84나 될 정도로 우수했다는 거예요.

꿈을 이루는 데 있어 가장 좋은 협력자도 가장 나쁜 방 해꾼도 자신이지요. 마음의 의지에 따라 꿈을 이루기도 하고 이루지 못하기도 하기 때문이에요. 특히, 명심해야 할 일은 마음이 약한 사람은 아무리 꿈이 좋아도 아무 소 용이 없음을 가장 유념해야 합니다.

10대란, 인생에 있어 희망의 엔진을 장착하는 시기이지 요.

100마력의 희망 엔진을 장착할 건지, 500마력의 희망 엔진으로 장착할 건지 아니면 1,000마력의 희망 엔진을 장착할 건지는 오직 자신에게 달렸지요. 부모나 교사는 힘 좋은 희망의 엔진을 달게 하도록 도움을 주는 희망 도 우미일 뿐 희망의 엔진을 대신 달아줄 수는 없답니다.

포우프는 "희망은 무엇이고 간에 관철하며 죽는 날까지 우리를 버리지 않는다"라고 말했지요.

그렇습니다.

희망이 있는 한 꿈은 반드시 이루어지고 꿈을 꾸는 한 희망은 그 사람을 버리지 않는답니다.

희망의 엔진을 다세요!

그리고 전력투구를 하고 전력질주를 하세요.

희망의 마력수가 높은 고성능 희망의 엔진을 꿈의 인생이란 자동차에 달고 쌩쌩 달려갈 그날을 위해 최선을 다해야 한답니다.

꿈을 기르는
참 좋은 생각!

01 사자는 임팔라를 잡기 위해 전력투구를 하지요. 하지만 사냥 성공률은 20%에 불과합니다. 삶의 이치도 이렇습니다. 자신의 꿈을 이루기 위해서라면 전력투구에 올인 하세요.

02 인생이란 꿈의 자동차에 희망의 엔진을 다세요. 그리고 고출력 희망의 엔진으로 만들어야 합니다.

03 희망이 저절로 오는 법은 없습니다. 희망은 게으른 사람을 싫어하지요. 희망이 찾아오도록 뜻을 세워 전력투구하세요.

04 가슴 밭에 심은 꿈을 발아시키세요. 그 꿈이 발아되어 꽃을 피우고 결실을 볼 수 있도록 열정이란 거름을 주어야 합니다.

05 꿈을 이루는 데 있어 가장 좋은 협력자도 가장 나쁜 방해꾼도 자신이지요. 그렇다면 가장 좋은 협력자가 되어야 합니다.

hope class
06

가슴속에 잠자는
자아를 깨우기

자아는 존재에 대한 증거이다

자아는 자신의 존재에 대한 증거이지요.

'나는 누구인가, 나는 왜 지금 공부를 해야만 하는가. 매일매일 놀고 싶고, 게임만 하고 싶고, 방바닥에 배 깔고 재밌는 만화책이나 실컷 보고 싶은데 집에서나 학교에서나 지겨운 공부만 하라고 귀찮게 따라붙는 모기처럼 구는 걸까요. 왜 내 맘대로 할 수는 없을까요. 10대란 인생에 있어 가장 풋풋하고 꿈 많은 시기라는데 왜 이다지도 지긋지긋하기만 할까요.

어디 그뿐인가요. 마구 울고 싶어지기도 하고, 어디론가 단 하루만이라도 갔다 오고도 싶고요. 아, 그런데 왜 우리가 하고 싶은 것을 우리 마음대로 할 수가 없는 건지요.'

10대들치고 이러한 생각 한두 번 안 해본 사람은 없을 거예요.

"아니, 시시때때로 한다고요?"

그럴 수도 있겠지요. 아니 그렇겠군요. 지금 우리의 현실에선 더더욱.

하지만 사람이 자신들이 하고 싶은 것만 하고는 살 수 없지요. 만약 그렇게 된다면 배는 산으로 갈 거고 비행기는 바다로 갈 거예요. 그리고 모든 것이 뒤죽박죽 엉망진창이 될 거고.

이 지구에 있는 사람들의 자아가 모자라거나 실종된다면 이런 일이 얼마든지 일어날 수가 있을 거예요. 이처럼 자아란 매우 중요한 거랍니다.

그런데 요즘 10대들을 보면 자아란 말이 무엇인지조차 잘 모르는 것 같아요. 이는 자신의 존재에 대한 의미를 부정하는 거나 마찬가지지요. 다시 말해 '내가 누구인가, 나

는 무엇을 위해 하기 싫은 공부로 시간을 죽여야 하나.'
하는 문제에 대해 고민할 필요가 없는 것과 같지요. 자신
의 존재를 부정하는데 내가 누구인지 알 필요도 없고, 공
부도 할 필요 없지요. 더는 자신이 꿈 많은 10대임을 포기
하는 것과 마찬가지니까요. 하지만 그렇게 자신을 허무하
게 포기하고 싶은 10대는 어디에도 없을 거예요.

왜일까요? 그래도 내 인생은 너무도 소중하니까요.

그래요. 하나뿐인 내 인생은 너무 소중하지요. 그러니
까 자아를 실현하는 일에 게을리해서는 안 된답니다.

날마다 '나는 누구인가, 나는 오늘 왜 학교에 가는가, 내
인생은 소중하니까!' 하고 내 속의 나에게 말하세요. 그러
면 자신을 진지하게 그리고 더욱 소중하게 생각하게 될
거예요. 그러면 목적의식도 뚜렷해지고 10대를 좀 더 의
미 있게 보내는 일에 익숙해질 겁니다. 그리고 진정으로
자신을 사랑하게 될 거예요.

성공은 자아실현의 욕구가 성취될 때이다.
성공은 삶과 인격과 위상을 바꿔준다.

-빌게이츠

자아를 실현한 사람들

침팬지의 대모라는 수식어로 유명한 제인 구달!

그녀는 사나운 맹수가 득실거리며 갖가지 풍토병이 돌고 도는 아프리카 정글을 누비며 죽음을 감수하고 침팬지를 연구하고 보존하는 데 일평생을 바쳤지요.

그녀가 평생을 험준한 아프리카 정글을 누비며 산 이유는 어렸을 때부터 동물을 너무도 좋아했기 때문이지요. 제인 구달은 10대 때부터 자신의 꿈을 설계하고 동물에 대한 책을 탐독하며 지식을 길렀지요.

그녀는 자신의 꿈을 실현하기 위해 1957년 케냐로 가서 고생물학자인 리키와 함께 침팬지 연구를 시작하였답니다. 그리고는 탄자니아로 옮겨 곰비 국립공원에서 야생 침팬지들과 함께 지내며 본격적으로 침팬지 연구에 들어갔지요. 침팬지는 도구를 사용하는 영리한 유인원이지만 임팔라나 원숭이 같은 작은 동물을 잡아먹고, 팔심은 성인 남자들의 4배가 넘는 공격성을 가진 동물이지요. 그런 침팬지와 야생에서 산다는 것은 자살행위나 마찬가지지요. 하지만 제인 구달은 자신이 평생을 꿈꿔온 자아를 실현하는 일에 조금도 흔들리지 않았지요. 자아실현을 위한 제인 구달의 신념은 확고했고, 그녀를 40년이 넘도록 침팬지 연구에 몰입하게 했지요.

제인 구달은 자신의 연구결과를 《내 친구 야생 침팬지》, 《무지한 킬러들》, 《인간의 그늘 아래서》, 《곰비의 침팬지》, 《곰비와 함께한 40년》, 《내가 사랑한 침팬지》, 《무지를 넘어서》 등의 책으로 담아냈답니다.

제인 구달의 빛나는 연구업적은 전 세계인들을 감동하게 했지요. 여성은 약하지만, 또한 여성은 위대하다,는 것을 온몸으로 보여준 제인 구달.

그녀는 침팬지 연구와 자연환경보호 운동에 대한 공을 인정받아 앨버트 슈바이처상, 교토상, 에든버러 메달, 내셔널지오그래픽 소사이어티 하버드상을 비롯하여 벤저민 프랭클린 메달과 엘리자베스 2세로부터 작위를 받았답니다. 제인 구달의 위대성은 10대에 품은 자신의 자아를 실현하기 위해 목숨을 걸고 평생을 다 바쳐 인생을 승리로 끌어냈다는 데 있지요.

자아의 실현!

이는 인생에 있어 매우 소중한 목적이자 존재 이유랍니다.

영화배우 전도연!

누구나 알듯 그녀는 세계 3대 영화제 중의 하나인 칸 영화제에서 2007년 여우주연상을 받으며 세계 영화 팬들에게 깊은 인상을 남겨주었지요. 이로써 전도연은 역대 60번째 칸 영화제 여왕으로 등극하는 영광을 누렸답니다.

그녀는 칸 영화제 여우주연상을 받음으로써 세계적인 여배우가 되었지요. 그녀의 오늘이 있기까지 그녀는 피나는 노력을 하였지요.

전도연은 1990년 광고 모델로 데뷔하여 1993년 MBC 〈우리들의 천국〉으로 첫 드라마를 시작했고, 그 후 여러 드라마에 출연하였지요. 그리고 1997년 영화 〈접속〉으로 처음 영화에 출연하였답니다. 그녀는 이 영화로 대종상을 비롯해 청룡영화제 등에서 신인상을 받으며 영화배우로서의 멋진 앞날을 기대하게 했지요. 이후 〈약속〉, 〈내 마음의 풍금〉, 〈해피엔드〉, 〈인어공주〉, 〈너는 내 운명〉, 〈밀양〉

등 모두 10편의 영화에 출연하였는데 열 번째 영화인 〈밀양〉으로 칸 영화제 여우주연상을 거머쥔 것입니다.

전도연은 천성적으로 타고난 배우이지요. 그녀의 연기는 아주 자연스러워서 연기가 아니라 실생활 자체를 보는 것 같다는 생각이 들 만큼 뛰어나지요. 이는 철저한 프로정신이 아니면 할 수 없는 연기이지요.

그녀가 뛰어난 배우가 된 것은 부단한 노력과 식지 않은 열정 그리고 세계 속의 배우가 되겠다는 간절한 열망이 있었기 때문이죠.

전도연은 한국이 낳은 세계적인 여배우로 더욱 발전해 나갈 거예요. 그녀의 자아실현은 언제나 진행 중이니까요.

1995년 댄스 가수로 데뷔한 이후 작곡가로서 편곡자로서 음반 프로듀서로서의 변신에 변신을 거듭해온 가수 박진영!

그는 90년대 중반 아이돌 그룹의 거센 숲에서도 당당하게 솔로로 나와 자신의 진가를 발휘한 가수로서 깊은 인상을 심어주었지요. 그가 부른 노래로는 〈날 떠나지 마〉,

〈그녀는 예뻤다〉, 〈청혼가〉, 〈너의 뒤에서〉 등 발표하는 노래마다 공전의 히트를 했답니다. 그의 노래가 좋은 반응을 일으킨 건 현란한 춤과 함께 했기 때문이지요.

그런 그가 가수가 아닌 프로듀서로 새로운 일을 시작했는데 그가 배출시킨 가수는 GOD, 비, 노을, 진주, 량현량아 그리고 지금의 원더걸스 등이지요. 이처럼 그는 노래는 물론 프로듀서로서 작곡가로서 그야말로 만능 엔터테이너랍니다. 그의 열정은 여기서 끝이 아니었지요. 그는 더 큰 자아를 실현하기 위해 미국으로 건너가 사람들의 걱정을 보란 듯이 씻어주는 놀라운 결과를 이루어냈지요. 그는 미국으로 간지 불과 2년 만에 빌보드 차트 10위권 내에 3번이나 곡을 올렸으며, 이후 세계적인 여러 가수의 앨범에 참여하면서 자신의 일굴을 확실하게 알렸답니다.

박진영은 미국에서의 성공을 뒤로하고 한국으로 돌아와 국내 음반 시장에 뛰어들었지요. 그리고 박 진영은 한국 가요계의 중심 자리를 차지했죠.

한국 가요계에 우뚝 선 박진영.

그가 오늘날 한국 가요계에 중심이 된 것은 지칠 줄 모르는 끝없는 도전정신과 열정 그리고 넘치는 끼와 재능 거기다 풍부한 창의력이 있었기 때문입니다. 자아의 실현을 위해 노력하는 사람은 반드시 그 대가를 선물로 받게 되는 것이지요.

패션디자이너 앙드레 김!

1962년 첫 패션쇼를 시작으로 해서 오늘날 우리나라를 대표하는 세계적인 디자이너로 주목받는 그는 패션을 하나의 예술로써 승화시킨 패션계의 아티스트이지요. 그가 세계 곳곳에서 그리고 수많은 국내의 패션쇼에서 군계일학의 패션 지존으로서 인정받는 것은, 한국과 동양의 심오한 전통문화의 신비로운 아름다움을 현대적인 감각으로 재창조하여 세계적인 미로 발전시킨 독창적인 예술성에 있답니다. 또한, 고혹적인 매력이 철철 넘치는 그의 패션 감각은 가히 독보적인 경지에 올랐다는 평가를 받고 있지요.

그는 국내 디자이너로는 최초로 세계 패션의 메카인 프랑스 정부로부터 문화예술훈장을 받았고 이탈리아 정부로부터도 문화훈장을 받았지요. 그리고 바르셀로나 올림픽과 애틀랜타 올림픽에 공식 초청되어 패션쇼를 열었고, 가는 곳곳마다 찬사와 호응을 한 몸에 받았답니다. 그는 패션쇼를 통해 대한민국의 우수성을 세계에 알리며 민간외교관으로 해야 할 역할도 해냈지요. 또한, 그는 1997년도에는 패션디자이너로는 최초로 대한민국 문화훈장을 수상했으며 2000년부터 유니세프 친선대사로 활동하였답니다.

일흔이 넘은 나이에도 새로운 자아의 실현을 위해 열정적인 노력을 기울이다 세상을 떠난 앙드레 김.

그는 패션을 하나의 예술로써 승화시킨 열정의 기관차이며 끊임없이 솟구쳐 오르는 상상력의 샘이며 한국을 가장 한국적이면서도 세계적인 것으로 증명해 보인 글로벌 패션아티스트랍니다.

자아의 실현이 주는 가치

자아의 실현이 없는 삶은 죽은 삶이며 무가치한 것이

죠. 세상을 살아가면서 내가 무가치한 사람이라고 생각해 보세요. 그것처럼 비참하고 부끄러운 일이 어디 있을까요. 아마 생각만으로도 고개가 절레절레 흔들릴 거예요.

10대는 인생에 있어 자아가 성립되는 시기이지요. 이 시기에 꿈도 밋밋하고 의지도 나약하고 인내심도 박약하다고 한다면 어떻게 될까요. 그것은 인생을 포기하는 것과 같죠. 인생을 포기하며 살고 싶은 사람은 없을 거예요. 그것은 존재 가치가 없는 죽음이니까요.

그렇다면 어떻게 해야 할까요?

10대의 가치를 높이세요. 자신의 존재 가치를 높이면 높일수록 더욱 빛나는 미래가 기다리고 있을 거예요. 자신의 미래를 보장받는 10대, 그런 청소년은 얼마나 행복할까요.

행복은 성적순이 아니라고 하지요.

네, 그래요. 행복은 결코 성적순이 아니지요. 그런데 자신의 가치를 높이는 일이 어디 성적만 있을까요. 성적은 좀 나빠도 자신의 남다른 재능을 발견할 수만 있다면 그래서 그 재능을 살릴 수만 있다면 성적이 주는 행복보다도 더 행복해질 수 있답니다.

자신의 가치를 높이는 일에 힘쓰세요. 그것이 자아를 찾는 일이며 마침내는 자아를 실현하게 될 거예요.

자신의 존재 가치를 높여주는 자아의 실현!

10대, 그 아름다운 시절 자아의 실현을 위해 땀을 흘리고 열정의 기관차를 멈추지 마세요. 계속해서 달려나가세요.

자신의 자아가 실현되는 그날까지.

꿈을 기르는
참 좋은 생각!

01 자아는 존재에 대한 실증입니다. 나는 누구인가, 나는 무엇을 위해 태어 났는가, 하고 자신에게 질문하세요. 질문 속에 답이 있습니다.

02 하나뿐인 내 인생! 너무 소중한 내 인생을 위해 반드시 자아를 실현하세요.

03 자아를 실현한 사람들의 공통점은 끊임없이 인내하며 꾸준히 최선을 다해 자신이 택한 길을 걸어갔다는 것입니다.

04 자아의 실현이 없는 삶은 죽은 삶이며 무가치한 것이지요.

05 10대는 인생에 있어 자아가 성립되는 시기입니다. 자신의 가치는 10대에 결정됩니다. 열정의 기관차가 되어 성공의 레일 위를 달려가세요.

TEENAGER

Part 02

희망의 엔진에
꿈의 날개를 달아라

hope class
07

숨겨진 1%의
재능을 발견하기

누구에게나 재능은 있다

재능은 어떤 특정인에게만 있는 것은 아니지요. 누구에게나 재능은 있답니다. 그런데 문제는 자신에게 재능이 없다고 스스로가 인정하려는 데 있지요. 이는 매우 잘못된 생각이에요. 자신의 내면에 깊이 잠들어 있어 발견하지 못한 것뿐이지요. 재능을 아주 특별한 것으로 생각하는데 그건 아니에요. 말 잘하는 것도 재능이고, 노래 잘하는 것도 재능이며. 그림 잘 그리는 것도 재능이며, 성격이 좋아 사람과의 유대관계가 좋은 것도 재능이지요.

재능을 무슨 기술적이고 특별한 것으로만 생각하는 데 그렇지 않습니다. 무엇이든 내가 남보다 잘하면 그게 곧 재능이지요. 재능을 꼭 특별한 것에서만 찾지 마세요. 그렇게 되면 나는 재능이 없는 사람처럼 여겨질 거예요. 내가 남보다 더 나은 게 있다면 무조건 그것을 재능이라고 생각하세요.

세계적으로 성공한 사람 중엔 아주 특별한 재능을 가진 사람들도 많지만 남보다 좀 다른 재능을 가지고 성공한 사람들도 참 많습니다.

자신이 남보다 나은 것이 무엇인가를 지금 찾아보세요. 나에게 남다른 것이 어떤 것이 있나 하고. 재능이란 숨은 그림찾기와 같은 거로 생각하고 숨겨진 1%의 재능을 찾아보세요. 그러면 반드시 자신만의 재능을 찾아낼 수 있을 거예요.

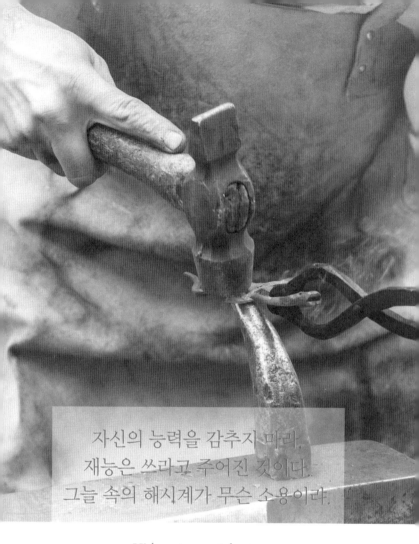

자신의 능력을 감추지 마라.
재능은 쓰라고 주어진 것이다.
그늘 속의 해시계가 무슨 소용이랴.

Hide not your talents.

They for use were made.

What's a sundial in the shade.

–벤자민 프랭클린

숨겨진 1%의 재능을 살려라

숨겨진 1%의 재능은 별것 아닌 것처럼 보일 수 있을 거예요.

그러나 이는 잘못된 생각이지요. 100이란 숫자에서 1이 없다고 생각해 보세요. 1이 없다면 영원히 99로 남을 수밖에 없을 거예요. 1이란 숫자는 보잘것없는 숫자에 불과하지만 100이라는 완벽한 수를 만들기 위해서는 반드시 있어야 하지요. 이렇게 볼 때 1은 결코 보잘것없는 것이 아니지요.

진영은 늘 고민거리가 많았어요. 자신이 생각해도 자기에게는 특별한 재능도 없고, 남들보다 더 나은 게 없었지요. 그렇다고 공부를 잘하는 것도 아니고.

"나도 나만의 꿈을 이루고 싶은데, 공부도 그저 그렇고…… 뭐 하나 제대로 하는 것도 없고……"

이렇게 말하는 진영의 입에서는 자신도 모르게 한숨이 나왔어요. 진영은 그런 자신을 생각하면 가슴이 울컥하며 눈물이 나곤 했지요.

진영은 공부도 잘하지 못하고 재능도 없다고 여기면서도 한 가지 책 읽는 것을 좋아했어요. 마음이 울적하거나 시간이 날 때면 언제나 책을 읽었지요. 책을 읽을 때면 마음이 편했거든요. 책을 읽으면 느끼는 것도 많고 생각하는 것도 많고 무언가 막연히 써 보고 싶다는 생각이 들곤 했지만 정작 글을 써본 적은 없었답니다.

그러던 어느 날 우연히 청소년센터에서 글쓰기 특강이 있다는 현수막을 보게 되었지요. 순간 진영은 한 번 참석해 볼까, 하는 마음의 울림을 듣게 되었어요. 그런 마음이 들자 주저 없이 글쓰기 특강에 참석했지요. 시인 강사의 강연은 생각보다 무척 재미있었어요. 진영은 강사의 말 한마디도 놓치지 않고 열심히 경청하였지요.

"사람이 글을 쓰지 못하는 것은 재능이 없어서만 아니라 무언가를 느낀 대로 본 대로 생각한 대로 써보지 않아섭니다. 사람은 생각하는 존재예요. 그래서 무언가를 보면 느끼게 되고 생각하게 되는데, 그것을 글로 써 볼 생각은 안 하는 거예요. 그러다 보니 나는 글을 잘 쓰지 못하는 사람으로 스스로가 여기게 되지요. 그건 매우 잘 못된 생각이에요. 지금 이 자리엔 글쓰기 재능이 있어서 참석한 청소년들이 대부분일 거라고 생각해요. 혹시라도 나는 글쓰기엔 재능이 없어,라고 생각하는 학생이 있다면 다시 한번 자신을 돌아보는 기회를 얻기 바랍니다. 그리고 오늘 집에 가면 한 번 무언가를 진지하게 써 보세요. 아주 자연스럽게 무엇이든 간에…… 어쩌면 자신도 모르는 열정이 솟구치며 나도 한 번 글쓰기를 해 보겠다는 결심이 들지도 모릅니다. 작가나 시인 중엔 나이가 들어서 자신의 재능을 발견하고 노력한 끝에 오늘의 작가로 시인으로 사는 사람들도 뜻밖에 많답니다. 시도해 보세요. 시도하지 않으면 그 어느 것도 할 수 없지요. 자신의 숨은 재능을 찾아보세요. 자신의 인생에 빛과 소금이 되는 재능을 말입니다."

진영은 강사의 말을 듣고 자신도 한 번 그렇게 해 봐야겠다고 두 주먹을 불끈 쥐었지요.

그날 밤 진영은 난생처음 시라는 걸 써 보았지요. 그런데 잘 쓴 건지 못 쓴 건지 알 길이 없었어요. 그렇지만 진영은 무언가 좋은 생각이 떠오를 때면 공책에 끄적거렸지요. 그것이 반복되자 진영은 자신이 쓴 시를 한번 평가받아보고 싶었지요. 그래서 그는 청소년센터로 찾아가 자기 뜻을 밝히고 지난번 특강을 한 시인 연락처를 알아내선 우편으로 보냈답니다. 그리고 보름이 지난 어느 날 한 통의 편지를 받았지요. 진영은 두근거리는 가슴을 진정시키며 편지를 읽어 내려갔어요. 편지를 다 읽고 난 진영의 얼굴엔 웃음꽃이 활짝 피어났지요.

편지엔 다음과 같은 글이 쓰여 있었거든요.

진영 학생은 시에 소질이 참 많군요. 열심히 공부한다면 좋은 결과를 얻을 수 있을 거예요. 그러나 문학은 재능만으로 되는 게 아닙니다. 재능보다도 글 쓰는 일에 더욱 중요한 것은 인내심이지요. 인내심이 없으면 재능도 아무 소용이 없답니다. 자신을 극복할 수 있는 사람만이 시인이나 작가가 될 수 있다는 것을 명심하기 바랍니다. 나의 말을 깊이 생각해보고 자신을 극복할 수 있다는 믿음이 서면 날 찾아오세요.

"아니, 무슨 일인데 그렇게도 좋아?"

껑충껑충 뛰며 웃고 있는 진영에게 엄마가 말했죠.

"어, 엄마. 나 시 공부를 하고 싶어요."

"뭐? 시 공부를?"

엄마는 믿기지 않는 얼굴로 물었지요.

"네, 엄마. 내가 시를 써서 유명한 시인에게 보냈는데 답장이 온 거예요. 시 공부를 하고 싶으면 찾아오라고요."

"그래? 그게 사실이야?"

엄마 역시 흥분을 감추지 못했답니다. 진영에게 그런 재능이 있었다니 당연히 믿어지지 않았던 거지요.

"네. 사실이라니까요. 여기 펴, 편지 있잖아요."

진영은 엄마에게 편지를 건넸고 엄마는 단숨에 편지를 읽어 내려갔지요. 그리고는 엄마 역시 기쁜 표정을 감추지 못했답니다. 그도 그럴 것이 여태껏 무언가에 재능이 있다는 말을 들어보지 못했기 때문이죠.

"너, 잘 해낼 수 있겠어?"

"네, 엄마. 배우게만 해 주시면 열심히 할게요."

"그래. 그럼 어디 한번 해 보렴. 그 대신 힘들고 어려워도 꾹 참고 견뎌내야 한다.”

“네, 엄마. 약속드릴게요.”

엄마의 말에 진영은 자신감 넘치는 얼굴로 말했지요. 그런 아들의 모습을 바라보는 진영이 엄마의 가슴은 금방이라도 큰일을 해낼 것 같은 기대감으로 벅차올랐습니다. 그도 그럴 것이 자신감 넘치는 얼굴로 무언가를 하는 것은 이번이 처음이기 때문이죠.

진영은 일주일에 한 번씩 시인 선생님을 찾아가 시 공부를 했습니다. 선생님은 언제나 자상하고 친절하게 대해 주며 작은 것에도 칭찬을 아끼지 않았습니다. 진영이 여태껏 누군가에서 이처럼 칭찬을 받아 본 적이 없는 터라 요즘 같아서는 하늘을 붕붕 날아다닐 것만 같았습니다.

“여보, 우리 진영이가 많이 달라졌어요. 한 가지 일에 저렇게 열심히 하기는 처음이에요.”

“그래, 어디 한 번 두고 봅시다. 이번엔 꼭 무슨 일을 해낼 것 같은 생각이 드는구려.”

자신감으로 가득한 아들의 모습을 바라보는 엄마와 아버지도 덩달아 신이 났습니다.

진영은 앉으나 서나 집에서나 학교에서나 시를 읽고 습작을 했답니다. 그의 이런 노력은 결과로써 나타나기 시작했습니다.

시 공부를 한 지 1년 만에 전국 청소년 백일장에서 우수상을 거머쥐었죠.

"정말이야? 정말 네가 우수상을 받았다고?"

"네, 엄마. 그렇다니까……"

"그, 그래. 자, 장하다 내 아들……"

엄마는 이렇게 말하며 뒤끝을 흐렸답니다.

눈물이 났던 거예요. 도저히 믿기지 않은 일이 일어난 거지요. 전국 대회에서 그것도 권위와 공정성으로 유명한 대회에서 우수상을 받았다는 것은 아주 놀라운 일이었지요.

이 일은 학교에까지 알려져 진영은 난생처음 조회 때 전교생이 지켜보는 가운데 교장 선생님으로부터 상장을 받았답니다. 그때의 그 기분은 진영에게 한껏 용기와 자신감을 키워주었지요.

진영도 자신에게 이런 일이 일어나리라고는 꿈에서도 상상도 못 할 일이었지요. 이후 진영은 더욱 열심히 시집을 읽고 시를 습작했지요. 선생님의 칭찬은 진영에겐 꿀보다 달콤하고 좋은 약이 되었던 거죠.

그리고 해양수산부 장관상과 박두진 백일장 최우수상 등을 받으며 전국 대회에서 뛰어난 실력을 과시하며 문학 기대주로 성장했지요.

진영의 꿈은 시인입니다. 그는 선생님처럼 좋은 시인이 되고 싶었지요.

진영은 우연한 기회에 자신에게 숨겨져 있던 1%의 재능을 찾아내 오늘을 씩씩하고 당당하게 나아가고 있답니다.

1970년 독일 파견 간호보조사로 독일로 일하러 갔다가 함부르크 예술대학 교수가 된 노은님 씨!

그녀는 돈을 벌어 지긋지긋한 가난에서 벗어나려고 홀로 이역만리에서 외로움과 싸워가며 일을 했다고 해요. 그녀는 그림을 좋아했지만, 그것이 자신의 미래를 바꾸어 줄 만큼 재능으로는 보지 못했지요. 그저 단순히 좋아하는 것으로만 여겼지요. 그런데 그 재능이 그녀의 삶을 180도로 확 바꾸어 놓았던 거죠. 그녀는 힘든 간호사 일을 하면서도 그림을 그렸지요. 그녀는 그림을 그리는 동안이 가장 행복했다고 해요. 그림을 그리는 순간은 외로움과 그 모두를 잊을 수 있었으니까요.

그런데 어느 날 그녀에게 기회가 찾아왔어요. 그녀가 독감에 걸려 결근하자 간호사 책임자가 그녀를 찾아왔는데, 그녀가 그린 그림을 보고 놀라워하며 그림 전시회를 열어주었다고 했어요. 하늘은 스스로 돕는 자를 돕는다는 말이 있듯, 그녀의 노력은 그렇게 해서 많은 사람에게 보였고, 그 후 그녀는 함부르크 국립 조형예술대학 한스 티만 교수의 눈에 띄어 그 이듬해 그 대학에 입학하였지요. 물론 그가 써준 추천서로 4년 동안 장학금을 받으면서 열심히 공부한 끝에 지금의 교수가 된 거예요.

그녀의 그림은 단순하고 때론 과감하고 물고기, 새, 꽃, 개구리 등의 그림이 들어있어 보는 각도에 따라 또 다른 그림을 보는 듯 다양성을 보여준다고 해요. 가난한 나라 대한민국에서 온 가난한 간호사였던 그녀.

그녀는 자신에게 숨겨진 재능을 찾아 열심히 그림을 그린 끝에 함부르크 예술대학의 교수가 되는 인생의 승리자가 되었답니다.

1%의 소중함

내가 지금껏 찾지 못했던 숨겨진 자신만의 1%의 재능을 찾아보세요. 지금은 다양성이 요구되는 시대랍니다. 획일화된 것으로는 더는 발붙일 곳이 없는 시대이죠.

공부를 좀 못하면 뭐 어떤가요. 공부가 인생의 다는 아니잖아요. 공부보다 더 소중한 것은 자신의 재능을 살려 행복하게 사는 것이지요. 진정한 성공은 남에게 보이는 것이 아니라 내가 좋아하고 그래서 내가 행복한 일을 하는 것이죠.

그렇게만 한다면 반드시 성공의 기회가 주어질 거예요.

꿈을 기르는
참 좋은 생각!

01 누구에게나 재능은 있습니다. 그런데 문제는 자신에게 재능이 없다고 스스로 인정하는 데 있지요. 숨겨진 1%의 재능을 찾아내세요. 그리고 전력투구하세요. 1%가 100%가 될 수 있을 때까지.

02 재능은 특별한 재주만이 아니라 남보다 친절하거나 사교성이 좋다거나 봉사를 잘한다거나 하는 것도 다양화된 현대사회에선 하나의 재능입니다.

03 숨겨진 1%의 재능이 있다면 찾아내야 합니다. 그러나 그것보다 더 중요한 것은 그것을 어떻게 살릴 수 있을까, 하는 것입니다.

04 공부는 공부 이외의 것은 할 수 없지요. 그러나 재능은 그 이상의 것도 발휘할 수 있습니다. 어떻게 하느냐에 따라서 얼마든지 가능하게 하는 것이 재능이지요.

05 재능은 자신의 인생에 빛과 소금이 될 수도 있고, 저녁연기처럼 날아가 버릴 수도 있지요. 그렇다면 반드시 빛과 소금이 되게 해야 합니다.

hope class
08

●

항상 성공한
자신의 모습을 생각하라

생각하는 대로 된다

사람들의 마음속엔 항상 두 가지 마음이 대립하지요. 하나는 긍정적인 생각이고 다른 하나는 부정적인 생각이에요. 긍정적인 생각은 사람을 능동으로 만들지요. 능동이란 누가 시키지 않아도 자발적으로 자신이 알아서 하는 행동인데, 성공한 사람들에겐 어렸을 때부터 능동적인 자세가 몸에 배어있답니다. 그래서 그들은 늘 자신이 하고 싶은 일을 찾아서 했고, 자신이 원하는 대로 이루어질 때까지 계속해서 노력의 땀방울을 쏟아냈지요. 그 결과 그들은 자신이 바라는 것을 이루어내며 당당하게 사는 인생이 되었지요.

그런데 부정적인 생각은 사람을 피동적으로 만들지요. 이런 사람들은 누가 하라고 하기 전엔 스스로 하는 법이 없지요. 그래서 누가 시키지 않으면 자신이 해야 할 일을 앞에 두고도 할 생각조차 안 하고 마치 남의 일처럼 여기죠. 그러니 무슨 일을 제대로 할 수 있겠어요. 매일 변화 없는 생활 속에서 시간만 축내는 아까운 인생으로 살아갈 수밖에 없는 거죠. 하지만 이러한 피동적인 사람들도 마음만 바꾼다면 얼마든지 능동적인 사람으로 변화되어 자신의 인생을 성공적으로 만들 수 있답니다.

피동적인 행동을 능동적으로 바꾸는 방법은 아주 간단합니다. 그것은 생각 자체를 확 바꾸어 버리는 겁니다. 자신의 마음으로부터 나는 안 된다는 생각 자체를 없애버리는 거예요. 그리고 매일매일 거울을 바라보고 이렇게 속삭이세요.

"나는 된다, 나도 할 수 있다."라고.

모든 일은 마음먹기에 달렸다고 하잖아요. 매일 거울

속에 있는 자신을 바라보고 내면의 자신과 대화를 하다 보면 자신도 모르는 사이에 변화된 자신을 발견하게 될 거예요.

그런데 요즘 10대들을 보면 너무 안쓰럽고 안타까울 때가 많아요. 그것은 자기 일을 스스로 알아서 하는 10대들보다는 그렇지 않은 10대들이 더 많거든요. 물론 우리 교육의 환경적인 영향도 있지만, 그것보다는 신념이 없고, 의지가 약해 자기 뜻을 실천으로 옮기는데 힘들어하죠.

그러나 너무 걱정하진 마세요. 모든 일은 자신이 생각하는 대로 된답니다. 인간이란 무한한 능력을 갖춘 창의적인 동물이거든요. 자신이 피동적인 10대라고 생각한다면 능동적인 10대로 바꾸세요. 방법을 알면서도 행하지 않는 것은 자신을 속이는 일이에요. 10대는 몸과 마음이 급격하게 변화하는 시기인데, 이때 능동적인 생활습관을 갖지 못한다면 평생을 후회하며 살게 될지도 모르죠.

자신이 피동적인 10대라고 생각한다면 지금 당장 자신을 능동적인 10대로 바꾸기 바랍니다.

단순히 성공하는 것만 생각하지 말고
의미를 두고 일하면
성공은 자연스레 따라올 것이다.

Don't worry about being successful but

work toward being significant and the

success will naturally follow.

−오프라 윈프리

항상 성공한 자신의 모습을 생각하라

오프라 윈프리는 미국 최초의 흑인 앵커이자 '오프라 윈프리 쇼'의 진행자로 맹활약하며 미국인들의 인기를 한 몸에 받고 있지요. 또한, 그녀는 엄청난 부와 명예를 누리며 미국 젊은 여성들의 존경을 받는 희망의 모델이지요.

그녀는 '에미상'을 비롯해 영화 〈컬러 퍼플〉에 출연하여 '골든 글러브상'을 받았고, 미국 '아카데미' 여우조연상을 받았지요. 그리고 역경을 극복하고 자신의 분야에서 지도자로서 성공한 이들에게 수상하는 '호레쇼 알저 상'을 수상했답니다. 그뿐만 아니라 1998년에는 힐러리 클린턴에 이어 미국에서 가장 존경받는 여성 2위에 뽑히기도 했죠.

오프라 윈프리는 성공한 여성으로서의 능력을 인정받아 워싱턴에 있는 하워드 대학에서 인문학 명예박사학위를 수여받았답니다.

이처럼 큰 성공을 거둔 오프라 윈프리는 10대 미혼 부모 사이에서 태어났답니다. 부모로서의 역활 준비가 안된 미혼 부모로 인해 어린 그녀는 하녀였던 할머니의 손에서 자라났지요. 이런 이유로 그녀의 어린 시절은 가난과 고통으로 얼룩졌지요.

그러나 그녀의 가슴속엔 푸른 날개를 활짝 펴고 성공의 하늘을 나는 꿈이 있었답니다. 그녀는 지금의 가난도 밝은 내일을 위해 준비하는 하나의 과정으로 여기며, 외롭고 힘들고 눈물이 날 때마다 이를 악물고 참아냈죠. 그녀는 푸른 미래를 위해 하나씩 하나씩 준비해 나가며 이미 10대에 라디오 방송국에서 일을 시작했답니다. 그리고 텔레비전 프로그램을 맡게 되었고 자신의 숨은 역량을 마음껏 발휘하였지요.

시청자들은 어떤 난관에도 굴복하지 않는 철저한 직업의식과 탁월한 시간 관리, 놀라운 통찰력과 넘치는 쇼맨십 그리고 사람을 편안하게 하는 그녀의 자연스러운 친숙함에 매료되었지요. 그러자 그녀에게 넘치는 인기와 부와 명예가 인생의 선물로 주어졌지요. 그녀의 성공이 더욱 값진 것은 힘없고 가난하고 보잘것없는 흑인 여성으로서, 백인들의 우월주의와 편견에도 굴하지 않고 이뤄낸 성공이라는데 있습니다.

그녀는 자신이 항상 생각한 대로 성공한 인생이 되었답

니다.

우리나라 프로레슬링의 영웅, 김일 선수!

그는 가난했던 1960년대 시절 박치기 하나로 우리 국민에게 희망을 쏘아 올린 대한민국의 영웅이었어요. 가난은 모든 사람을 힘들게 했지만 김일 선수가 시합하는 날엔 전국이 축제의 한 마당으로 들썩거렸지요. 그가 커다란 몸집의 외국 선수를 박치기 한 방으로 링에 쓰러트리면, 전 국민이 치는 손뼉 소리가 산천을 진동시켰답니다. 거리는 차도 사람도 다 사라져 버리고 텅 빈 운동장처럼 조용했답니다.

김일 선수가 국민에게 주는 희망은 그 어떤 것과도 비교할 수 없을 만큼 대단했지요. 우리나라 국민은 김일 선수가 쏘아 올린 희망의 공을 바라보며 열심히 일했고, 드디어 1인당 국민소득이 2만 달러가 넘는 선진국 대열에 성큼 올라서게 된 거예요.

김일 선수는 늘 성공한 자신의 모습을 생각했지요. 그는 재일 동포인 당시 최고의 프로레슬러 역도산 선수를 존경했고 그처럼 되고 싶었지요. 김일 선수는 항상 성공한 챔피언인 자신의 모습을 생각하며 피나는 연습을 통해 드디어 1965년 동아시아 헤비급 챔피언에 올랐고, 1966년엔 올 아시아 태그 챔피언에 그리고 1967년엔 제23대 세계 헤비급 챔피언에 올라 우리 국민에게 자긍심과 민족의 우수성을 심어주었답니다.

김일 선수가 성공할 수 있었던 것은 항상 성공한 챔피언인 자신의 모습을 생각하며 꿈을 키웠다는 데 있지요. 그리고 조국과 민족 앞에 희망을 주는 선수가 되겠다는 굳은 결심이 있었기에 성공할 수 있었던 겁니다.

모든 꿈은 생각하는 대로 이루어진다는 것을 증명해 보인 대한민국의 영웅 김일 선수. 그는 비록 세상을 떠났지만, 그가 우리 국민에게 쏘아 올린 희망의 공은, 지금도 푸른 하늘을 향해 계속 날아가고 있답니다.

40년 양복 재단사인 이영재 당코리 테일러 대표인 이영재 박사!

그는 양복 짓는 일에 평생을 바친 장인입니다. 한 사람이 한 가지 일에 40년이 넘는 세월을 쏟아 냈다는 것은 존경과 박수를 받아 마땅한 일이지요. 10년이면 강산이 변한다는 말이 있는데 그는 강산이 네 번이나 바뀌도록 한 가지 일에 열정을 다해 왔던 겁니다.

그의 프로정신이 더욱 돋보이는 건 목욕탕의 때밀이까지 해가며 인체 구조를 자세히 파악하고 연구해서, 우리 몸이 편하고 건강에도 좋은 최고의 신사복을 만드는 데 힘썼다는 데 있지요. 그는 또 '머리에서 발끝까지' 남성의 멋을 끌어올리기 위해 이발과 구두 제조기술도 익혔으며 각종 패션쇼와 강의를 하며 양복 기술을 전수하는데 열정을 쏟았습니다. 그의 양복 짓는 솜씨는 매우 탁월해서 국내는 물론 일본, 미국 등 외국에서 주문이 올만큼 국제적으로 인정받는답니다.

그는 국내 남성복 산업의 산증인으로서, 남성 복식 전 분야에 걸친 전문가로서, 국내 패션 산업 발전의 한 축을 담당해온 공로를 인정받아 명예박사학위를 받았답니다.

그가 양복 기술자로 성공할 수 있었던 것은 그는 어린 시절 항상 성공한 자신의 모습을 상상하며 꿈을 키웠다는 데 있지요. 그가 가슴에 그리는 성공한 자신의 모습은 스스로 긴장하게 했고, 한시도 게으름을 스스로 용납하지 않게 했습니다. 그의 철저한 장인정신은 그를 성공한 양복기술자로 거듭나게 했답니다.

성공하고 싶다면 반드시 프로가 되라

프로는 프로페셔널의 준말인데 이는 전문가라는 뜻이지요. 반면에 아마추어는 취미로 하는 비전문가를 뜻하지요. 프로와 아마추어는 뜻으로 볼 땐 그리 큰 차이를 느끼지 못하지만, 실제에서는 엄청난 차이를 보인답니다.

프로가 되기 위해서는 그 과정을 거치기 위해 많은 노력이 따라야 하지요.

첫째, 근성이 있어야 합니다. 여기서 근성이란 어떤 일이 있어도 꼭 해내겠다는 정신을 말하지요.

둘째는 남과 다른 자신만의 개성이 있어야 합니다.

셋째, 전문성이 있어야 합니다. 전문성을 쌓기 위해서는 다양한 지식을 축적해야 합니다.

넷째, 목표의식이 뚜렷해야 합니다.

다섯째, 자신이 하는 일과 자신의 목숨을 바꿀 만큼 자기 일을 아끼고 사랑해야 합니다.

이런 요건을 갖춘다면 그가 누구든 반드시 프로가 될 수 있답니다.

자신이 성공한 인생으로 살고 싶다면 성공한 자신의 모습을 항상 생각하며 열정을 다 바치세요. 성공은 우연히 되는 것이 아닙니다. 성공은 한 발 한 발 내딛는 것처럼 공을 쌓아야 해요. 수백억의 로또 복권에 당첨했다고 해도 그 사람을 성공한 인생으로 보지 않는 건, 그건 우연한 행운으로 이룬 것이기 때문이죠.

성공한 자신의 모습!

생각만으로도 멋지지 않은가요? 그렇다면 자기 일에 프로가 되어 반드시 성공하세요.

꿈을 기르는
참 좋은 생각!

01 사람들 마음속엔 항상 두 가지 마음이 대립하고 있습니다. 하나는 긍정적인 생각이고 다른 하나는 부정적인 생각이지요.

02 긍정적인 생각은 사람을 능동적으로 만들지만, 부정적인 생각은 사람을 피동적으로 만듭니다.

03 성공한 인생들은 항상 성공한 자신의 모습을 생각하고, 그렇게 되기 위해 자신을 검열하며 노력한 끝에 성공한 인생이 되었답니다.

04 프로와 아마추어는 의미로는 큰 차이를 못 느끼나 실제에서는 엄청난 차이를 보이지요. 성공하고 싶다면 반드시 프로가 되어야 합니다.

05 프로가 되기 위해서는 다섯까지 조건이 있는 데 첫째는 프로 근성 둘째는 나만의 개성 셋째는 전문성을 위한 지식 넷째는 뚜렷한 목표의식 다섯째는 목숨과 바꿀 수 있는 일에 대한 애정이 그것입니다.

생각한 것은
즉시 실행하기

시간은 사람을 기다리지 않는다

10대들은 자신이 언제나 10대인 줄로 아는 것 같아요.

그러나 시간은 고정된 것이 아니라 강물처럼 흘러가지요. 시간이 흐르다 필요에 따라 멈춰 설 수 있는 거라면 얼마나 좋을까요. 하지만 이런 생각은 고루하고 시간 낭비일 뿐이죠. 시간은 멈춰 서지도 않고 사람을 기다리지도 않습니다.

시간은 앞만 보고 달리는 말과 같이 그저 앞으로만 달려가지요. 이것이 시간의 속성이랍니다. 그래서 시간을 잘 활용하는 사람이 시간을 대수롭지 않게 여기는 사람들에 비해 자신의 인생을 풍족하게 살아간답니다. 여기서 짚고 넘어가야 할 것은 인생을 풍족하게 산다는 의미는, 단지 물질적인 것만이 아니라 인생의 가치를 즐기며 산다는 의미라는 것이죠.

성공한 사람들은 하루 24시간을 36시간, 아니 48시간으로 여겨서 쓸 만큼 시간을 철저하게 관리했다고 합니다. 그리고 시간을 잘 관리하는 것이야말로 성공의 제일 조건이라고 말하지요. 특히 어제와 오늘이 다른 요즘은 시간을 잘 쓰는 사람에게 유리하게 작용하죠. 그러니 어찌 금 같은 시간을 허투루 쓸 수 있을까요. 시간을 함부로 낭비하는 것은 자신의 인생을 거꾸로 되돌려 놓은 것과 같답니다.

미국의 시인 롱펠로는 "시간은 날아가는 화살이다."라고 했지요.

그렇습니다. 시간은 날아가는 화살이며, 멈출 줄 모르는 강물이며, 금과 같이 소중한 것이지요.

시간 앞엔 누구나 겸손하고 부지런해야 해요.

자신이 성공적인 인생이 되고 싶다면 시간 관리를 잘하는 10대가 되세요. 그리고 시간을 리드해 나가는 능동적인 10대가 되어야 합니다.

생각한 것은 즉시 실행하라

자신이 결정한 일을 두고도 망설이며 머뭇거리는 사람들을 참 많이 보게 되는데 이는 바람직한 태도가 아니죠. 그것은 자신이 결정한 일에 대해 자신이 없다는 것을 의미하지요. 물론 그것은 야무지지 못한 성격 탓이기도 하지만, 그보다는 그 일에 대한 준비가 잘 안 됐거나 확신이 없어서지요.

그런 마음으로 일을 시작하면 실패할 확률이 매우 높답니다. 자신이 결정한 생각을 즉시 실행에 옮기려면, 하고자 하는 일을 철저하게 분석하고 계획을 세워 추진해야 해요. 그래야 성공률을 확실히 높일 수 있답니다.

외식 프랜차이즈 전문 기업인 주식회사 놀부 김순진 회장!

그녀는 집이 가난하여 초등학교만 마친 채 1980년대 초 고향을 떠나 서울로 왔지요. 그때 그녀의 나이 서른, 그녀가 할 수 있는 일이란 음식점 종업원이었다고 해요. 그리고 이후 그녀는 음식 장사도 하고 옷 장사도 해 보았지만, 실패만 했지요.

그러나 그녀는 좌절하지 않았어요. 음식 솜씨가 좋은 그녀는 자신만의 메뉴를 개발하여 새롭게 음식점을 할 요량으로 전국을 돌아다니며 정보를 수집했지요. 모든 준비를 마친 그녀는 드디어 자신이 개발한 메뉴인 보쌈집을 차렸답니다.

그런데 얼마 지나지 않아 놀라운 일이 벌어졌어요. 보쌈집은 밀려드는 사람들로 넘쳐났고 가게를 늘렸지만 역부족이었지요.

그러던 어느 날 한 손님으로부터 300만 원을 줄 테니 고기 삶는 법과 장사 비결을 전수해 달라는 부탁을 받았답니다. 그때 그녀는 자신의 기술을 살려 사업을 해야겠다는 아이템을 구상하였지요. 그렇게 해서 1989년 상도동에 분점을 차렸지요. 첫 번째 프랜차이즈점이 문을 연 거예요.

그녀는 이 일을 계기로 사업을 키워나갔고, 지금은 560여 개의 가맹점과 직영 매출만 무려 5,000억 원에 이르는 방대한 회사가 되었답니다. 그녀는 여기에 만족하지 않고 새로운 메뉴를 내놓았는데 부대찌개, 항아리 갈비, 유황오리 진흙구이, 솥뚜껑 삼겹살, 한정식 등이 그것이지요.

그녀는 이런 공을 인정받아 대통령상을 받았답니다. 그녀의 꿈은 여기서 끝나는 것이 아니라 외국에까지 이어져, 이른바 글로벌 경영을 시도하고 있지요. 그녀의 성공비결은 끊임없이 개발하고 새로운 분야를 찾아 전력투구하는 것입니다. 그녀는 무언가를 할 땐 치밀하게 계획을 세웠고, 자기 생각을 즉시 행동으로 옮겼죠. 그녀는 생각한 것은 절대 미루는 법이 없었지요. 그녀의 생각은 늘 앞서갔고 그것은 곧 행동으로 바뀌었답니다.

생각한 것이 있나요? 있다면 즉시 실천하세요.

그녀는 평범하지만 아무나 할 수 없는 이 말을 실천함으로써 인생의 승리자가 된 거랍니다.

아무리 가까운 길이라도
가지 않으면 도달하지 못하며
아무리 쉬운 일이라도
하지 않으면 이루지 못한다.

-채근담

알프레드 베르나르드 노벨!

노벨상을 제정한 인류의 영원한 횃불, 노벨은 스웨덴 스톡홀름에서 태어났지요. 그는 어려서부터 지적 호기심이 무척 많았죠. 발명가이자 공학자였던 아버지를 보며 무한한 상상력에 빠져들곤 했지요. 노벨의 이런 습관은 그에게 집중력과 창의력을 길러주었고 그의 호기심은 날로 더해만 갔지요. 그는 다양한 지식을 쌓으며 10대를 보냈답니다.

노벨은 자신의 마음속에서 끊임없이 타오르는 꿈을 이루기 위해 미국으로 가서 기계공학에 대해 본격적으로 배웠죠. 그 후 러시아로 가서 아버지 밑에서 군수품을 만드는 일을 했지요.

그러나 아쉽게도 회사는 3년 만에 파산하고 말았죠. 하지만 노벨은 좌절하지 않았답니다. 그는 폭탄을 개량하는 일에 밤낮으로 몰두하였지요. 한 번 해서 안 되면 다시 하고, 그래도 안 되면 또다시 하기를 밥 먹듯 하였지요. 그는 생각한 것은 즉시 하는 사람이었어요. 그래서일까, 그는 드디어 니트로글리세린의 취약점인 이상 폭발을 막는 장치인 뇌관을 발명했답니다. 이 뇌관의 발명은 그 당시엔 아주 획기적인 거였지요. 노벨은 뇌관의 발명으로 발명가로서의 명성을 얻을 수 있었고, 그의 앞날을 활짝 여는 계기가 되었지요.

그러나 문제는 여기서 끝이 아니었지요. 니트로글리세린이 액체였기 때문에 운반과 취급하는데 어려운 점이 많았죠. 자칫 잘못하면 폭발을 할 수도 있었지요. 결국, 우려했던 일이 벌어져 많은 사람이 생명을 잃었지요. 하지만 그 사건은 노벨에게 더욱 연구에 박차를 가하게 했죠.

연구에 연구를 거듭한 끝에 마침내 노벨은 니트로글리세린을 규조토에 스며들게 함으로써 안정성을 높인 폭약을 완성했답니다. 그리고 그는 또다시 연구에 몰두하여 무연 화학을 완성했지요.

노벨에게 있어 연구는 하나의 신념이었어요. 그는 연구 끝에 다이너마이트를 발명했지요. 다이너마이트의 발명은 그에게 세계적인 명성을 안겨주었죠. 유럽 전역에 다이너마이트 공장이 세워졌는데 그 수가 무려 90개나 되는 세계적인 규모였지요. 그가 만든 다이너마이트는 날개 돋친 듯 팔려나갔고 그는 많은 부와 명예를 얻었답니다.

그는 자신이 만든 폭약이 전쟁에 쓰이는 것을 극도로 경계하였고 싫어했지요. 그래서 그는 남몰래 유언장을 작성해 스톡홀름 은행에 보관해두었죠.

그의 유언장이 공개되었을 때 가족은 물론 친지나 모든 사람이 깜짝 놀라는 일이 벌어졌지요. 그것은 자신의 재산 대부분을 인류복지에 가장 구체적으로 공헌한 사람들에게 나누어주라는 것이었지요. 그의 유언대로 이행되었는데 그것이 바로 인류의 최고상인 노벨상이죠. 노벨상은 1901년부터 물리학, 화학, 의학, 문학, 평화, 경제학에 뛰어난 업적을 남긴 이들에게 매년 분야별로 1명씩 뽑아 수상하며 오늘에 이르렀지요.

노벨이 훌륭한 것은 위대한 발명가로서도 그렇지만 세계 인류의 평화에 공헌했기 때문이죠. 그는 자유와 평화를 사랑한 발명가였답니다.

노벨은 끊임없이 연구하면서도 생각한 것은 즉시 시도했지요. 그는 자신이 생각한 것에 대해 주저하지 않죠. 주저한다는 것 자체는 그에겐 용납할 수 없는 일이었지요. 그야말로 그는 오뚝이 같은 사람이었어요. 쓰러지면 또 일어나고 일어났다 쓰러지면 또 일어났지요. 노벨의 끈질긴 노력은 결국 자신을 세계 속의 인물로 영원히 남게 했답니다.

세계에서 가장 살기 좋은 나라, 복지 시절이 뛰어나 누구나 한 번쯤은 살고 싶다는 나라, 지상 최대의 낙원 덴마크!
  덴마크가 이처럼 세계인들로부터 찬사를 받으며 오늘날 복지국가가 된 것은 개척자 그룬트비가 있었기 때문이지요. 그는 목사이자 시인이었고 철학자이며 정치가였죠. 그뿐만 아니라 언어학자이며 역사가였죠. 또한, 덴마크의 국가를 작사한 애국자이기도 하지요. 그는 국민이 잘사는 길은 부와 자유 그리고 인간의 존엄성이 평등해야 한다는 생각을 하고 있었지요. 그에 대한 방법으로 국민의 힘을 하나로 결집해야 한다고 믿었죠. 그는 국민고등학교라는 우리나라로 치면 가나안농군학교와 같은 국민정신을 고취하는 교육기관을 세웠답니다. 그는 이 학교를 통해 국민계몽교육을 했고 모두 함께 잘 사는 나라를 만들자고 독려하였지요.

　그의 열정적인 연설은 듣는 이들의 가슴에 나도 할 수 있다는 강한 신념을 불러일으켰죠. 그는 멈출 줄 모르는 도전정신의 소유자였지요. 그리고 진정으로 모든 국민이 함께 잘 사는 나라를 원했습니다. 부와 권력이 일부 계층에게만 주어지는 것을 강력하게 반대했지요. 사람은 누구나 신 앞에 평등해야 하고 똑같이 자유롭고 행복한 삶을 누려야 한다고 주장했습니다.

　그의 주장은 국민을 감동하게 했고 그의 말에 감화를 받은 국민은 일치단결하여 살기 좋은 덴마크 부흥을 위해, 땅을 개간하고 꽃을 심고 나무를 심었지요. 오늘날로 말하면 특성화 사업을 펼쳐나갔던 거예요. 젖소를 기르고 우유를 생산하고 치즈와 버터를 생산하는 낙농업의 기초를 닦았지요. 그러자 덴마크는 몰라보게 달라지기 시작했지요. 가난과 고통으로부터 서서히 벗어나 예전과는 분명히 다른 나라로 변화하기 시작했던 겁니다. 그 결과 덴마크는 여타의 유럽 국가들을 제치고 잘사는 나라로 탈바꿈되었던 것입니다. 국민은 그룬트비를 외치며 그의 업적을 높이 받들며 칭송하였지요.

그룬트비는 매우 긍정적이며 도전정신이 유독 강한 사람이었지요. 그리고 그는 나라와 국민을 진정으로 아끼고 사랑했습니다. 또한, 자기 철학이 뚜렷하고 개성이 강했으며 믿음과 확신으로 가득 찬 성품을 지닌 사람이었지요.

그에겐 안 되는 일이 없었습니다.

그는 생각하는 대로 이루어진다고 믿었고 생각한 것은 즉시 실행에 옮겼던 겁니다. 머뭇거리나 망설이는 법이 없었습니다. 어떤 일에 대해 주저하는 것은 믿음이 없기 때문이라며 여겼던 거지요. 그랬기에 그는 모든 것을 극복하고 성공한 인생이 될 수 있었습니다.

한 사람의 열정과 신념이 덴마크를 오늘날 세계 최고의 복지국가로 만들었던 것입니다.

지금도 그룬트비는 덴마크 국민의 가슴속에 영원히 살아 있습니다.

남보다 다른 내가 되기

남과 똑같아선 남 이상 될 수 없지요. 자신이 남과 다른 인생으로 살고 의미 있는 인생으로 남고 싶다면 남이 하는 그 이상을 해야 합니다. 그냥 이루어지는 일은 결코 없는 것이니까요. 그룬트비처럼 자신에게 주어진 인생을 자신과 국가와 국민을 위해 쓸 수도 있고, 자기 자신만을 위해 쓸 수도 있고, 자신은 물론 남을 위해서도 쓰지 못하는 사람도 있지요.

10대는 몸과 마음이 급격하게 자라는 시기며 꿈을 위한 인생의 계획을 세우는 시기입니다. 10대의 꿈이 중요한 것은, 10대에 가진 꿈이 평생을 좌우하기 때문이지요.

이처럼 소중하고 아름다운 시기인 10대.

이 시기를 어떻게 보낼 것인지는 본인에게 달렸지요. 자기 생각을 마음으로만 품지 말고 온몸으로 부딪치며 나아가세요. 시도하지 않고 되는 일은 없는 것이니까요.

꿈을 기르는
참 좋은 생각!

01 시간은 사람을 기다리지 않지요. 다만 흘러갈 뿐입니다. 생각한 것은 즉시 하세요.

02 미래에 성공하고 싶다면 시간을 리드하는 사람이 되어야 합니다.

03 성공한 인생들은 어떤 일을 놓고 머뭇거리지 않았습니다. 생각한 것은 그때마다 바로 실행에 옮겼답니다.

04 남과 똑같이 해서는 남 이상이 될 수 없지요. 자신이 남과 다른 인생이 되고 싶다면 남이 하는 그 이상이 되어야 합니다.

05 10대의 꿈이 중요한 것은 10대에 가진 꿈이 평생을 좌우하기 때문입니다.

집중력이
성패를 결정한다

집중력의 중요성

공부를 하거나 음악, 미술 또는 일을 하는 데 있어 집중력은 매우 중요하지요. 집중하는 것과 집중하지 못하는 것은 큰 차이를 가져오기 때문인데, 집중할 땐 그것 외엔 다른 것을 생각하지 않으므로 효과적인 결과를 끌어낼 수 있지요. 하지만 집중하지 못한 상태에선 효과적인 결과를 끌어낼 수 없답니다.

가령 그림을 그린다고 생각해보세요.

그림을 그리면서 이야기하고, 하늘을 쳐다보고 왔다 갔

다 하고, 산만하게 군다면 좋은 그림을 그릴 수 없지요. 생각이 분산되면 그만큼 능률이 떨어지기 때문입니다.

그러나 깊이 몰입하여 그림을 그린다면 그때만큼은 그림만 생각하므로 더 나은 아이디어를 찾아낼 수 있어 좋은 그림을 그릴 수 있지요.

자기 분야에서 두각을 나타내며 남보다 나은 길을 가는 사람들을 보면 대개 집중력이 뛰어나다는 걸 알 수 있습니다.

이들에겐 몇 가지 공통점이 있는데 무엇을 할 땐 절대로 한눈을 팔지 않는다는 것과 한번 시작한 일은 날밤을 새워서라도 반드시 해 놓는다는 것, 그리고 누가 옆에서 뭐라고 해도 흔들림 없이 자기 일에 몰두한다는 점입니다.

일이든 공부든 자신이 하는 일에 있어 효과적인 결과를 얻으려면 집중력을 길러야 합니다. 집중력은 가장 능률적이고 경제적인 시간의 관리법이며 비결입니다.

당신이 하고 있는 일에
온 정신을 집중하라!
햇빛은 한 초점에 모아질 때만
불꽃을 내는 법이다.

−알렉산더 그레이엄 벨

집중력이 이뤄낸 세계적인 사람들

2008년 베이징 올림픽 양궁대회에서 우리나라는 남녀 모두 단체전 금메달을 획득하였지요. 이 경기에서 우리나라 선수들이 다른 나라 선수들보다 월등히 우수한 게 있다면 바로 경기에 대한 집중력이지요. 과녁을 향한 우리나라 선수들의 집중력은 참으로 놀랍지요. 바람이 불고 비가 내리고 중국 관중들의 예의 없는 몰상식한 행동에도 전혀 굴하지 않는 대범함을 보여주었는데, 이런 꿋꿋한 자세는 평상시 쌓았던 고도의 집중력 훈련에서 길러진 것이지요.

축구의 경우에서 살펴보지요.

우리나라는 브라질이나 이탈리아 같은 강팀에게는 강한데 약한 팀에게는 뜻밖에 고전을 하는 경우가 있습니다. 심지어는 인도네시아나 베트남 같은 형편없는 약팀에게조차도 종종 고전하곤 합니다. 이런 현상이 생기는 이유를 보면 강팀은 워낙 강하니까 최선의 집중력을 동원하여 끈기 있게 경기에 임하기 때문이지요. 그 반면에 약팀에게는 집중력을 기울이지 않아도 된다는 자만심 때문에 고전을 하다가 참패를 당하기도 하지요.

이를 보더라도 집중력의 중요성이 어떠한지를 잘 알 수 있을 거예요.

미국의 수영 영웅 마이클 펠프스!

그는 어린 시절 '주의력 결핍 과다행동장애'(ADHD)를 앓았다고 합니다. 그런 그가 5살 때 누이들이 수영하는 모습을 보고 수영이 하고 싶어 물과 친해지기 시작했지요.

그런데 이것이 그의 운명을 바꿔놓을 줄이야 누가 알았을까요.

어린 펠프스는 수영할 때면 고도의 집중력을 보였습니다. 펠프스의 수영에 대한 집중력은 그에게 놀라운 변화를 가져다주었지요.

펠프스는 15살 때인 2000년 시드니 올림픽에 처음 출전해 200m 남자 접영 5위에 오르는 쾌거를 이루었습니다. 그로부터 4년 후인 2004년 그리스 아테네 올림픽에서 무려 6개의 금메달을 목에 걸며 '수영 황제'라는 칭호를 얻었지요.

그 후 그의 질주는 계속 이어져 2007년 호주 '멜버른 세계수영선수권대회'에서는 7관왕에 올랐습니다. 그리고 2008년 '베이징 올림픽'에서 자신의 목표인 8관왕에 올라 세계 올림픽 역사상 단일 경기종목에서 개인으로는 최고로 많은 금메달을 획득하였지요. 그뿐만 아니라 올림픽에서만 모두 14개의 금메달을 거머쥔 전무후무한 수영 영웅이 되었습니다.

'주의력 결핍 과다행동장애'라는 병을 고치기 위해 시작한 수영이 펠프스를 찬란하고 드높은 인생의 주인공이 되게 했듯, 고도의 집중력은 사람의 상식으로는 이해할 수 없는 놀라운 결과를 가져오기도 한답니다.

마이클 펠프스의 경우에서처럼 집중력은 그 사람이 지니고 있는 숨겨진 원초적인 능력을 최대한 끌어올리게 하지요. 이는 집중력이 분산하는 능력을 하나로 끌어모아 주기 때문입니다.

남자 육상 100m 세계 최고의 선수 우사인 볼트!

우사인 볼트는 2008년 베이징 올림픽 남자 육상 100m

에서 9초69 기록으로 우승하고 이어 200m에서 19초30으로, 400m 계주에서 37초10으로 우승을 하며 3관왕을 달성하여 세계를 놀라게 하였지요. 그의 우승이 더 의미가 있는 것은 우승 모두, 세계기록을 달성했다는 것입니다.

한 가지 종목으로 우승하여도 큰 의미를 길이 남기는 올림픽 경기에서 세계기록을 세우며 3관왕에 올랐다는 것은 실로 대단한 기록이 아닐 수 없답니다. 세계 육상계가 그에게 기대를 거는 것은 그의 나이가 23세라는 점이지요. 이는 그가 앞으로 노력 여하에 따라 얼마든지 세계기록을 갈아치울 수 있다는 기대감 때문이지요.

우사인 볼트의 주법은 매우 특이한데 그것은 그의 큰 키에서 나오는 것으로써 마치 성큼성큼 기린이 뛰는 것과 같습니다. 얼핏 보기엔 역주를 안 하는 것처럼 보이지만 매우 놀라운 결과를 낳지요. 그는 성큼성큼 달리면서도 결코 집중력을 잃지 않았지요. 곁눈질하면서도 그의 긴 다리는 앞을 향해 질주했던 것이지요.

그가 우승의 주역이 된 것은 그의 타고난 재능과 고도화된 연습에도 있지만, 그의 놀라운 집중력에 있었답니다.

대한민국 최고의 CEO 정주영!

그가 지닌 많은 성공 요인 중 집중력은 단연 으뜸이지요. 그는 전혀 문외한인 자동차 수리업을 하면서도 절대 두려워하지 않았습니다. 그 이유는 그는 자신이 직접 뛰어들어 자동차 부품을 해체하고 조립하며 자동차 일을 배우는 강한 집중력을 가졌기 때문이지요. 그의 집중력은 자동차 부품에 대해서도 이른 시일 내에 터득하게 하였지요. 자동차 기술자들도 그런 정주영의 놀라운 집중력에 대해 혀를 내두르며 고개를 흔들어댔을 정도였지요. 그뿐만 아니라 토건업이나 건축업 역시 마찬가지입니다. 그는 모르는 것도 전혀 개의치 않았습니다. 모르는 것은 배우고 익히면 된다고 믿었지요. 그는 뛰어난 집중력과 창의적인 도전정신으로 무장이 되어있었기에 지독한 가난을 극복하고 우리나라 최고의 CEO가 되었던 것입니다.

고도의 집중력은 곧 정주영의 성공 에너지였지요.

우리나라 여자 역도의 히로인 장미란!

장미란 선수는 우리나라 여자 역도 사상 최초로 올림픽

에서 금메달을 땄지요. 감격스럽던 그 장면은 지금도 국민의 가슴에 남아 있습니다. 그녀가 바벨을 들어 올릴 때의 모습을 상상해보세요. 집중력을 높이기 위해 몰입하는 순간은 세상이 숨죽일 만큼 고요할 정도였지요. 그 놀랍던 집중의 순간은 손에 땀을 쥐게 하고 긴장감으로 가득차 있다는 것을 알 수 있습니다.

　장미란 선수의 고도의 집중력은 조국에 금메달을 안겨주는 쾌거를 이루어 냈지요.

　우리나라가 나은 세계적인 첼리스트 장한나!

　그녀가 세계적인 첼리스트가 될 수 있었던 것은 타고난 재능에도 있지만 지칠 줄 모르는 집중된 연습의 결과였지요. 한 번 연습하면 10시간 이상을 해야 하는 노력파인 그녀.

　10시간이 넘는 연습을 효과적으로 해내려면 고도의 집중력이 있어야 합니다. 그렇지 않다면 시간을 투자한 만큼 효과를 거둘 수가 없답니다.

세계적인 발레리나 강수진!

그녀는 한 번 연습에 들어가면 무려 16시간이나 연습을 했다고 합니다. 그녀의 발은 그녀의 피나는 연습만큼이나 일그러지고 기형적인 모습을 하고 있습니다. 여자로서 내보일 수 없는 발의 모습입니다. 하지만 그녀의 발은 그 어떤 발보다도 아름답습니다. 오늘의 그녀를 있게 한 발이기 때문입니다. 그녀의 고도화된 집중력은 그 누구보다도 강했던 겁니다. 그랬기에 서양인들의 전유물로 여기는 발레 세계에서 동양인으로서 독보적인 우위를 점하고 있는 것이지요.

강한 집중력은 자기 분야에서 탁월한 업적을 이룬 사람들에게서 나타나는 공통된 현상이지요. 그만큼 무슨 일을 하는 데 있어 집중력이 얼마나 중요한지를 바로 보여주는 예라고 할 수 있습니다.

집중력을 기르는 방법

집중력은 선천적으로 타고나야 하지만 노력으로 얼마든지 기를 수 있습니다. 판소리를 하는 사람들은 거대한 물줄기가 떨어지는 폭포 아래서 온몸을 쥐어짜며 득음을 하기 위해 몰입을 하지요. 그것은 피를 토해내는 만큼 어렵고 힘든 일이지만, 집중력을 쏟은 끝에 비로소 한 사람의 명창으로 태어나지요.

그렇다면 집중력을 기르기 위해서 어떻게 해야 할까요?

첫째, 자신이 좋아하는 일에 더욱 열정을 바치세요. 자신이 좋아하는 일은 힘이 들어도 하게 되는데, 이는 열정이 있기 때문이지요. 열정을 갖고 하는 일엔 집중력이 가해지고 끈기 있게 그 일에 몰두하게 되지요. 집중력을 기르기 위해서는 반드시 자신이 좋아하는 일에 열중하세요.

둘째, 독서력을 길러야 합니다. 독서력 또한 집중력을 기르는 데 매우 효과적이지요. 책을 읽으면서 정독을 하세요. 속독보다는 정독이 훨씬 더 효과적이지요.

셋째, 취미생활을 하세요. 취미생활을 즐기다 보면 흥

미를 느끼게 됨으로써 더욱 취미생활에 몰두하게 되지요.
그러다 보면 자연스럽게 집중력을 기를 수 있습니다.

집중력!

이제 집중력은 선택이 아니라 필수입니다.

선택은 해도 그만 안 해도 그만이지만 필수는 반드시
해야 하는 것이지요.

공부를 하던 자신이 좋아하는 일을 하던 그 무엇을 하
던 집중력을 갖고 최선을 다한다면 좋은 결과를 얻게 될
거예요.

꿈을 기르는
참 좋은 생각!

01 집중력이 성패를 결정하지요. 집중력은 자신이 하는 것에 대해 다른 생각을 하거나 한눈팔지 않고 몰입하는 것을 말합니다. 집중력을 키워야한다는 것은 누구나 알고 있지만, 그것을 실천으로 옮기는 데는 매우 약합니다. 끈기와 인내심이 부족하기 때문이지요.
한창 몸과 마음이 자라나는 청소년기에는 집중력을 기르는 것을 게을리해서는 안 됩니다.

02 집중력! 이제 집중력은 선택이 아니라 필수입니다. 선택은 해도 그만 안해도 그만이지만 필수는 반드시 해야 하는 것이지요.
집중력은 그 사람이 지닌 원초적인 능력을 최대한 끌어올리게 하는데,이는 집중력이 분산하는 능력을 하나로 모아주기 때문입니다.

03 자기 분야에서 두각을 나타내며 남보다 나은 길을 가는 사람들을 보면대개 집중력이 뛰어나다는 걸 알 수 있습니다. 이들에겐 몇 가지 공통점이 있는데 무엇을 할 땐 절대로 한눈을 팔지 않는다는 것과 한번 시작한일은 날밤을 새워서라도 반드시 해 놓는다는 것 그리고 누가 옆에서 뭐라고 해도 흔들림 없이 자기 일에 몰두한다는 점입니다.

hope class
11

•

희망의 엔진에
꿈의 날개를 달아라

희망의 엔진

희망!

아무리 힘들고 어려운 일이 있어도 사람들이 살아갈 수 있는 것은 미래에 대한 희망이 있기 때문이지요. 만약 희망이 없다면 힘들고 어려운 일을 만났을 때 캄캄한 절망의 바다에 빠져 삶을 포기하게 될 겁니다.

그런데 다행히도 신은 우리에게 희망이라는 선물을 주었지요. 그 어떤 사람에게도 말입니다.

그러나 신의 선물인 희망도 어떤 사람에게는 아무것도

아닌 것처럼 여겨지기도 하지요. 그 이유는 희망을 이루는 법칙을 모르기 때문이지요.

희망은 자동차의 엔진과 같습니다.

자동차에 키를 꽂고 시동을 걸었을 때 힘찬 소리와 함께 엔진이 돌아가듯 희망이란 엔진을 가동하기 위해서는 희망의 키를 꽂고 힘차게 시동을 걸어야 합니다.

희망의 키를 손에 쥐기 위해서는 부단한 노력이 필요합니다. 가만히 앉아 있는데 저절로 오는 희망은 어디에도 없습니다.

"최후의 승리는 출발점의 비약이 아니다. 결승점에 이르기까지 성실과 끈기 있는 노력을 기울여야 한다."고 존 워너메이커는 말했지요. 그리고 맥도날드는 말하기를 "능숙한 선장은 폭풍우를 만나도 두려워하거나 절망하지 않는다. 늘 확고한 신념을 가지고 최후의 순간까지 전심전력을 다해 활로를 찾으려고 한다. 이것이 인생의 고난을 물리치는 비결이다."라고 했답니다.

희망의 키를 손에 넣기 위해서는 존 와나 메이커나 맥도날드가 말한 것처럼 자신의 목표를 향해 끝까지 전심전력을 다해야 함을 잊지 마세요.

이것이 희망의 키를 손에 넣을 수 있는 비결입니다.

희망의 엔진에 꿈의 날개를 달아라

희망의 키를 손에 쥐었으면 희망의 엔진을 힘차게 가동해야 하지요. 그리고 목적지를 향해 나아가야 합니다. 목적지를 향해 달려가더라도 어떤 사람은 40km로 가고, 또 다른 어떤 사람은 70km로 달려가고, 그리고 또 다른 어떤 사람은 100km로 달려가지요.

이렇듯 같은 출발점에서 출발하더라도 목적지에 도착하는 것은 빠른 속도로 달려간 순서에 의해서 결정된답니다.

여기서 속도란 자신이 이루고 싶은 희망을 향해 기울이는 열정과 땀방울을 의미하지요. 따라서 희망을 이루는 최상의 비결은 열정과 땀방울의 양에 비례한다는 사실을 일러두고 싶군요.

우리나라 최고의 동화작가인 권정생!

그는 지독한 가난과 외로움 그리고 언제 죽을지도 모르는 전신 결핵을 앓으면서도 희망을 잃지 않고 이 땅에 사는 어린이들을 위해 평생 동화를 썼답니다.

　그가 쓴 동화는 하나같이 가난하고 작고 보잘것없는 것들을 소재로 했는데, 이는 초라한 것들에 대한 관심과 애정을 가질 때만 진정으로 행복을 느낄 수 있다는 믿음에서였지요. 그의 최고의 명작인 《강아지 똥》이나 《몽실 언니》 같은 작품은 그의 작품관을 잘 엿보게 해 준답니다.

　권정생이 자신의 최대 콤플렉스인 외로움과 병마를 이겨내며 명작을 남길 수 있었던 것은, 이 땅에 사는 어린이들에게 밝은 희망을 심어주기 위한 꿈이 있었기에 가능했던 거지요. 그처럼 철두철미한 희망이 없었다면 그는 결코 그와 같은 훌륭한 작품을 남기지 못했을 겁니다.

　그는 자신의 유산과 앞으로 발생하는 모든 인세는 이 땅에 사는 어린이들을 위해 써달라는 유언을 남겼답니다. 그만큼 그는 어린이들을 사랑했고 그들에게 꿈을 주기 위해 한평생을 바쳤답니다.

　그랬기에 그를 우리나라 최고의 동화작가라고 해도 이

의를 달지 못하는 겁니다.

우리나라가 낳은 세계적 소프라노 조수미!

그녀는 불과 4살 때부터 피아노를 배우고 노래 공부를 했다고 합니다. 어린 나이에 놀고 싶은 유혹을 물리치고 매일 하루에 8시간씩 음악 공부를 했다고 하니 그저 놀라울 뿐입니다. 물론 어렸을 때 어머니의 강권이 작용한 것은 사실이지만 본인의 의지가 없다면 절대 해낼 수 없는 일이지요.

가난했던 그녀는 로마 산타 체칠리아 음악원을 수석으로 합격하고 유학길에 오를 때 단돈 300달러를 손에 쥐고 갔다고 합니다.

그러나 그녀는 실망하지 않았습니다. 그녀에겐 해야 할 꿈이 있었기 때문이지요. 그녀는 먹을 게 없어 주린 배를 움켜쥐고도 꿈에 대한 열정을 버릴 수가 없었답니다. 한창 꾸미기 좋아하는 나이에도 화장품값을 아끼기 위해 민얼굴로 다녔다고 합니다. 그러다 보니 얼굴에 기미가 끼고 그야말로 말도 아니었다고 합니다. 그래도 그녀는 좌절하지 않았습니다. 그녀에겐 세계 최고의 프리마돈나가 되는 희망이 있었기 때문이지요.

그녀의 꿈의 열정은 5년을 공부해야 졸업할 수 있는 산타 체칠리아 음악원을 2년 만에 졸업하는 놀라운 성과를 이뤄냈지요. 그리고 곧바로 이탈리아 존타^{Zonta} 국제콩쿨에서 1위를 했답니다. 그리고 각종 콩쿠르를 휩쓸었고, 1993년에는 이탈리아 황금기러기상^{Lasiola Doro}을 수상했답니다. 그리고 이어 미국의 그레미^{Gramy}상을 수상하였지요.

그 후 그녀는 세계 유수의 상을 싹쓸이하며 그녀의 진가를 세계 속에 널리 알렸답니다. 그녀의 공연을 본 칠레의 에두아르도 페리 대통령은 "한국의 경제발전은 잘 알려졌지만 이렇게 한 개인의 음악을 통해 국가의 이름을 떨칠 수 있다는 것은 더욱 놀라운 일이다."라고 극찬을 했다고 합니다.

그녀의 눈부신 발전은 그녀 개인 것만이 아니라 그녀의 조국인 대한민국의 존재 가치를 전 세계에 알리는 쾌거를 이루어냈지요. 참으로 놀랍고도 아름다운 일이 아닐 수 없습니다.

조수미의 열정의 꿈은 그녀를 세계 최고의 소프라노로 등극시키는 영광을 누리게 했지요. 지금도 그녀는 자신의 가치 있는 인생을 위해 쉼 없이 희망의 엔진을 가동하고 있답니다.

전설적인 팝그룹인 비틀즈!

이들은 예스터데이, 레 잇비, 헤이 주드 등 주옥같은 곡들을 남긴 전무후무한 팝그룹이지요. 이들이 불렀던 곡들은 40년이 지난 지금까지도 많은 사람에게 사랑받고 있답니다.

그런데 이들의 노래가 변함없이 사랑을 받는 이유는 그당시 음악 풍과는 다른 새로운 시도를 했다는 데 있답니다. 이들이 부른 노래들은 정감 어린 서정성과 부드럽고 감미로운 음악과 목소리에 있지요. 그리고 새로운 패션 스타일에서 오는 신선함이 음악팬들을 사로잡은 까닭이지요.

지금은 각자의 길을 걷고 있지만, 멤버 중 가장 활발하게 활동을 하던 폴 매카트니는 미국 예일대에서 음악 명예박사 학위를 받았답니다.

"폴 매카트니는 로큰롤과 리듬 앤드 블루스 등에서 신

선한 음악을 남겨 한 세대에 크게 기여했다"라며 그 공을
인정하여 음악 명예박사학위를 수여하기로 했다는 것이
예일대의 입장이었지요.

비틀즈가 전 세계인들에게 깊은 인상을 남긴 것은 그들
은 열정의 꿈으로 가득 찬 사람들이었기 때문입니다. 그
들은 음악으로 세상을 행복하게 하고 평화로운 세상으로
만들고 싶었던 겁니다. 그랬기에 그들은 자신들의 꿈의
열정으로 이 세상을 희망으로 끌어올릴 수 있었습니다.

그들이 단순히 돈이나 벌고 유명해지기 위해서였더라
면 지금과 같은 훌륭한 가수로 남지 못했을 거예요.

아름다운 꿈의 열정은 자신들뿐만 아니라 다른 사람들
에게도 희망을 주고, 용기를 주고, 새로운 미래를 향해 달
려가게 하는 원동력이 된답니다.

희망의 엔진을 멈추게 하지 마라

희망의 엔진을 멈추는 순간 꿈도 명예도 그 모든 것도
다 사라져버릴 수가 있습니다. 왜냐하면, 희망의 엔진이

집안이 나쁘다고 탓하지 말라.
나는 아홉 살 때 아버지를 잃고 마을에서 쫓겨났다.

가난하다고 말하지 말라.
나는 들쥐를 잡아먹으며 연명했고,
목숨을 건 전쟁이 내 직업이고 내 일이었다.

작은 나라에서 태어났다고 말하지 말라.
그림자 말고는 친구도 없고 병사로만 10만.
백성은 어린애, 노인까지 합쳐 2백만도 되지 않았다.

배운 게 없다고 힘이 없다고 탓하지 말라.
나는 내 이름도 쓸 줄 몰랐으나
남의 말에 귀 기울이면서 현명해지는 법을 배웠다.

너무 막막하다고, 그래서 포기해야겠다고 말하지 말라.
나는 목에 칼을 쓰고도 탈출했고,
뺨에 화살을 맞고 죽었다, 살아나기도 했다.

적은 밖에 있는 것이 아니라 내 안에 있었다.
나는 내게 거추장스러운 것은 깡그리 쓸어 버렸다.

나를 극복하는 그 순간 나는 칭기즈칸이 되었다.
-칭기즈칸

멈추는 순간 열정의 에너지가 사라지기 때문이지요. 사람들이 힘든 가운데서도 미래를 향해 나갈 힘은 열정의 에너지에서 온답니다.

희망의 엔진을 멈추지 않기 위한 몇 가지 생각입니다.

첫째, 언제나 긴장감을 풀지 말고 자신의 꿈을 점검해야 합니다. 그래서 꿈의 열정이 식는가 싶으면 다시 열정을 끌어올려야 합니다. 둘째, 언제나 꿈으로 밥을 먹고, 꿈으로 물을 마시고, 꿈의 그래프를 그리세요. 셋째, 날마다 성공한 자신의 미래를 떠올리며 '나는 할 수 있다'고 스스로 최면을 걸기 바랍니다. 넷째, 자신의 꿈의 모델을 그려 항상 볼 수 있는 위치에 놓아두고 그가 했던 대로 따라서 해 보세요. 다섯째, 항상 꿈의 열정을 키우는 프로그램이나 정보를 수집하여 자신의 꿈의 열정이 녹슬지 않도록 거름을 주어야 합니다.

이상에서 보듯 이 다섯 가지를 잘 실천할 수 있다면, 꿈의 열정의 에너지를 충만하게 하여 희망의 엔진을 늘 가동할 수 있어 자신의 인생을 성공으로 이끌어 갈 수 있답니다.

꿈을 기르는
참 좋은 생각!

01 희망은 자동차의 엔진과 같습니다. 자동차에 키를 꽂고 시동을 걸었을 때 힘찬 소리와 함께 엔진이 돌아가듯, 희망이란 엔진을 가동하기 위해서는 희망의 키를 꽂고 힘차게 시동을 걸어야 합니다.

02 아름다운 꿈의 열정은 자신들뿐만 아니라 다른 사람들에게도 희망을 주고, 용기를 주어 새로운 미래를 향해 달려가게 하는 원동력이 된답니다.

03 희망의 엔진을 멈추는 순간 꿈도 명예도 그 모든 것도 다 사라져버릴 수가 있습니다. 왜냐하면, 희망의 엔진이 멈추는 순간 열정의 에너지가 사라지기 때문이지요. 사람들이 힘든 가운데서도 미래를 향해 나갈 힘은 열정의 에너지에서 온답니다.

TEENAGER

Part 03

주어진 일에
최선을 다하기

●

자신의 적도 자신,
자신의 아군도 자신이다

자신을 똑바로 아는 게 중요하다

성공적인 삶을 살았거나 살고 있는 사람들의 가장 뚜렷한 공통점은 동서고금을 막론하고 자신을 이겨냈다는 것이지요. 자신을 이겨냈다는 말은 그 어떤 상황에서도 자신과의 싸움에서 지지 않고 자신이 목표하는 것을 이루어냈음을 뜻합니다.

사람들은 대개 자신의 잘못이나 실수에 대해서는 관대하지요.

그러나 상대방의 작은 실수나 잘못에 대해서는 신경질

적인 반응을 보이며 상대를 곤혹스럽게 한답니다. 이는 자신의 잘못이나 실수에 대해서는 덮어두려 하고, 상대방의 잘못이나 실수는 들추어내려는 잠재의식이 마음 깊이 깔려있기 때문이지요. 그리고 나아가 자신의 잘못이나 실수를 감추지 않으면 약점으로 작용한다는 생각을 하고 있고, 상대방의 잘못이나 실수를 들추어내면 그로 인해 자신의 가치를 상대방 보다 높일 수 있다는 생각에 사로잡혀 있기 때문입니다.

그 어떤 성공적인 삶에도 잘못과 실수는 따르게 마련이지요. 그런데 그런 평범한 진실을 잊고 자신의 잘못과 실수를 감추려고만 한다면 발전적인 삶은 기대할 수 없습니다.

안데르센은 "자기를 아는 것이 참다운 진보다"라고 말했는데 이는 자기를 잘 아는 것이야말로 발전적인 미래를 맞이할 수 있는 지혜라는 것이지요. 그리고 월만은 이르기를 "세상에서 가장 좋은 벗은 자기 자신이고 가장 나쁜 벗도 자기 자신이다. 나를 구제할 수 있는 가장 큰 힘도 자기 자신에게 있으며 자신에게 가장 해를 끼치는 무서운 칼도 자기 자신이다."라고 했지요. 이는 인간이 지닌 두

가지 양면성을 잘 간파한 말입니다.

자신이 진정 행복한 삶을 살기를 원한다면 자신을 똑바로 아는 지혜가 필요하지요. 그래야 그 어떤 상황에서도 자신을 극복하게 되고 자신을 성공의 길로 나아가게 할 수 있답니다.

자신을 이겨내고 성공의 길로 간 사람들

현역 세계 최고의 축구 스타 크리스티아누 호날두!

호날두는 스위스 오페라하우스에서 열린 국제축구연맹 FIFA의 월드 플레이어 시상식에서 935점을 획득하며 678점을 획득한 강력한 라이벌인 리오넬 메시(FC 바르셀로나)를 큰 차이로 제치고 2008 FIFA '올해의 선수'로 선정되었지요. 2007년도에는 카카(AC밀란)에게 밀려 3위에 그쳤지만 2008년에는 당당하게 카카를 제치고 최고의 선수가 된 것입니다.

그가 '올해의 선수'로 선정된 이유는 맨체스터 유나이티드가 2007~2008시즌 프리미어리그와 유럽축구연맹UEFA

챔피언스리그 등 더블 우승을 이끈 데 대한 수훈갑 역할과 두 대회에서 득점왕에 올랐기 때문이지요.

그리고 그는 2013 FIFA 발롱도르상, 2014년 유럽축구연맹UEFA 올해의 선수상, 2014 FIFA 발롱도르상 등 지금껏 40개가 넘는 상을 받았답니다.

호날두는 천부적인 기량 못지않게 좋은 신체조건을 가지고 있습니다. 키 184cm에 75kg의 몸무게는 축구선수로서는 아주 이상적이지요. 거기다 빠른 스피드와 현란한 개인기, 헤딩은 물론 대포알 같은 프리킥, 양발 모두를 자유자재로 사용할 뿐만 아니라 환상적인 드리블은 보는 사람들의 탄성을 자아낼 만큼 탁월합니다.

그는 10대 때부터 두각을 나타내며 유럽 유수의 축구클럽으로부터 입단 제의를 받았는데 2003년 10대 선수로는 최고의 이적료인 1,200만 파운드를 받고 맨체스터 유나이티드로 이적을 하는 기록을 냈답니다. 그런데 그에게 시련이 닥쳤지요. 그는 프리미어리그 경험 미숙에서 드러난 부정확한 볼 처리와 공을 혼자 차지하는 비협조적인 개인플레이로 악평을 받으며 고통의 시간을 보내야만 했답니다. 게다가 독일 월드컵 8강, 잉글랜드 전에서 팀 동료인 웨인 루니와의 충돌로 불편한 관계에 처해 맘고생을 했지만, 자신을 겸허히 반성하고 연습에 몰두하는 등 최선의 노력을 다한 끝에 오늘의 최고 선수로 거듭난 것이지요.

호날두는 축구 전문가들로부터 펠레와 마라도나, 호나우드와 지단을 잇는 새로운 축구황제로 지목받을 만큼 날마다 거듭나고 있답니다.

세계 여자 테니스계의 여왕 세리나 윌리엄스!

그녀는 비너스 윌리엄스와 자매로서도 유명하지요. 세리나 윌리엄스는 2009년 1월 30일 멜버른파크에서 열린 호주오픈 여자복식 결승전에서 언니 비너스 윌리엄스와 함께 한 팀이 된 스기야마 아이(일본)와 다니엘라 한투호바(슬로바키아)를 이기면서(2:0) 우승을 하여 역대 통산 상금이 2,278만 달러가 되었답니다. 이는 세계적으로 여자 스포츠 선수 중 최다의 상금이지요. 그 후에도 계속된 우승으로 45개가 넘는 상을 받으며 세계 1위의 자리를 고

수하고 있답니다.

　이런 세리나 윌리엄스에게도 가슴 아픈 기억이 있습니다. 그녀가 데뷔 첫해인 1995년 캐나다 퀘벡에서 열린 테니스 대회에서 처음 받은 상금이 고작 240달러였다고 합니다. 그러나 그녀는 실망하지 않고 열심히 노력에 노력을 다했습니다. 부상으로 쉬는 바람에 순위가 100위권 밖으로 밀려나는 시련을 겪으며 마음고생도 심했지요. 하지만 그녀는 가슴만 태우고 있는 소극적인 선수가 아니었지요. 그녀는 자신을 다독이며 재기의 발판을 위해 이를 악물고 연습에 몰두했답니다. 연습만이 자신이 살길이라고 여겼기 때문이지요. 그러자 그녀의 기량은 몰라보게 좋아졌고 부상 전보다 훨씬 더 나은 실력을 갖출 수 있게 되었지요. 그렇게 되자 놀라운 변화가 생기기 시작했답니다. 그녀는 이제 호주 오픈 통산 네 번째 우승과 메이저 대회 통산 열 번째 우승을 엿보는 그야말로 최고의 기량을 뽐내고 있답니다.

세상에서 가장 좋은 벗은 자기 자신이고
가장 나쁜 벗도 자기 자신이다

나를 구제할 수 있는 가장 큰 힘도
자기 자신에게 있으며
자신에게 가장 해를 끼치는 무서운 칼도
자기 자신이다
－월만

미국 슈퍼볼 최고의 선수 하인즈 워드!

그는 한국인 어머니와 미국인인 흑인 아버지 사이에서 태어난 혼혈이지요. 미국은 자유민주국가지만 혼혈인이나 흑인에 대한 적개심이 많은 이중성을 지닌 나라이지요.

하인즈 워드 역시 어린 시절 지독한 차별을 겪어야 했고 그로 인한 스트레스 때문에 마음의 상처도 많이 입었지요.

그러나 헌신적인 어머니의 노력과 자신을 이겨 내야겠다는 강한 마음이 그를 심지가 굳은 소년으로 자라나게 했지요. 그는 미국 최고의 인기 스포츠인 슈퍼볼에 매력을 느끼게 되었고, 연습에 몰두하였지요. 그 결과 그는 놀라운 재능을 보이며 많은 사람의 관심을 끌며 장래가 촉망되는 선수로 성장하였답니다. 그의 끈질긴 노력은 결국 그를 미국 슈퍼볼 최고의 선수가 되게 했지요. 그의 인기는 하늘 높은 줄 모르고 치솟고, 어머니의 나라인 대한민국을 자랑스러워하는 순수한 마음을 가진 그야말로 우리나라가 자랑스러워하는 선수로 더욱 거듭났답니다.

크리스티아누 호날두, 세리나 윌리엄스, 하인즈 워드 등 자기 분야에서 세계 최고가 된 성공한 인생들은 하나 같이 지독한 시련과 역경을 겪으면서도 절대 좌절하지 않고 꿋꿋하게 일어나 성공적인 인생이 되었답니다.

이 세상에 존재하는 모든 성공은 땀과 눈물과 열정과 끈기가 만들어 낸 희망의 금자탑이랍니다.

자신의 적도 자신의 아군도 자신이다

자신에게 있어 가장 좋은 친구도 자신이고 가장 나쁜 친구도 자신이라고 했지요. 그래요. 이 말은 시대가 변해도 변하지 않을 명언이지요.

생각해보세요.

과거나 현재나 미래에 있어서 자기 자신만큼 소중한 사람이 있는가를.

없다고요?

그래요. 당연히 없지요. 세상에서 가장 소중한 사람은 바로 자기 자신이니까요. 그러기 때문에 자신을 아끼고 존중하는 마음을 가져야 합니다. 이 말을 잘못 이해하면 자신을 드높이고 내세우라는 말로 받아들일 수도 있는데 오히려 그 반대이지요.

자신에게 겸허하고 냉정해야 합니다. 그렇게 될 때 객관적으로 자신을 바라보게 되고 자신의 장단점을 가장 잘 파악할 수 있게 되어 지금보다 더 나은 자신이 되게 한답니다.

일찍이 공자는 "자기반성은 엄정히 하고 타인에게 관대하면 남의 원망은 멀어진다."라고 말했지요. 이 말에서 보듯 자신에게 엄정해야 합니다. 물론 그렇게 한다는 것은 쉽지 않지요. 하지만 자신의 밝은 미래를 위해서라면 반드시 그렇게 해야 합니다.

성공적인 인생을 살았거나 살고 있는 사람들은 자신에겐 엄정하고 타인에게는 관대했다는 것을 잊지 마세요.

꿈을 기르는
참 좋은 생각!

01 성공적인 삶을 살았거나 살고 있는 사람들의 가장 뚜렷한 공통점은 동
서고금을 막론하고 자신을 이겨냈다는 것이지요. 자신을 이겨냈다는 말
은 그 어떤 상황에서도 자신과의 싸움에서 지지 않고 자신이 목표하는
것을 이루어냈음을 뜻합니다.

02 크리스티아누 호날두, 세리나 윌리엄스, 하인즈 워드 등 자기 분야에서
세계 최고가 된 성공한 인생들은 하나같이 지독한 시련과 역경을 겪으면
서도 절대 좌절하지 않고 꿋꿋하게 일어나 성공적인 인생이 되었습니다.

03 자신에게 겸허하고 냉정해야 합니다. 그렇게 될 때 객관적으로 자신을
바라보게 되고, 자신의 장단점을 가장 잘 파악할 수 있게 되어 지금보다
더 나은 자신이 될 수 있답니다.

hope class
13

•

신념을 뛰어넘는
재능은 없다

신념의 힘

신념은 태산을 갈아엎어 바다가 되게 하지요. 이는 신념의 중요성을 함축적으로 정의하는 말입니다. 제아무리 머리가 뛰어나고 재능이 남다르다 할지라도 신념이 부족하면 자신이 이루고자 하는 일을 이룰 수 없습니다.

그러나 신념이 강한 사람은 자신에게 부족한 재능을 뛰어넘는 에너지를 가지고 있지요.

누구나 알고 있는 토끼와 거북이의 우화를 한번 생각해 보세요. 이 우화에서 토끼는 뛰어난 재능을 말하고 거북이는 재능은 약하지만 강한 신념을 말합니다. 토끼는 자신의 재능만 믿고 노력을 게을리하지만, 거북이는 재능의 부족함을 신념으로 극복해 내지요. 결국, 최후의 승자는 재능으로 똘똘 뭉친 토끼를 제치고 신념이 강한 거북이가 차지하지요.

이는 당연한 결과입니다.

에디슨이나 노벨, 프랭클린, 벨과 같은 이들은 재능을 겸비했을 뿐만 아니라 신념 또한 강한 사람들이었지요. 그들이 세계사에 길이 남아 빛을 뿜어대는 것은 남다른 재능과 신념을 가졌기 때문입니다.

자신을 한 번 돌아보세요. 나는 과연 신념이 강한 사람인가 아니면 약한 사람인가를. 만약 자신이 신념이 약하다고 생각한다면 즉시 자신을 강한 신념으로 업그레이드 시키세요. 그것을 알고도 자신을 내버려 둔다는 것은 자신에 대한 예의가 아닙니다.

모르면 배우면 되고, 배워서도 안 되면 될 때까지 하면 됩니다. 결코, 자신을 포기하거나 내버려 둬서는 안 됩니다.

'신념의 힘'도 안 쓰면 소멸하는 법이지요.

근육도 자꾸만 써야 더욱 탄탄해지듯 신념도 자꾸만 써야 더욱 강해집니다.

자신이 빛나는 인생이 되고 싶다면 강해지세요. 그 어떤 상황에서도 살아남는 강한 인생이 되세요. 그런 사람이야말로 준비된 성공의 길로 갈 수 있는 티켓을 부여받게 된답니다.

신념 형 인간의 특성

신념 형 인간에겐 몇 가지 특성이 있답니다.

첫째, 끈기가 고래 심줄같이 질기지요. 고래 심줄은 따라올 것이 없을 만큼 질긴데, 신념형 인간에겐 고래 심줄 같은 강한 끈기가 있어 어떤 일에도 포기하는 법이 없습니다.

둘째, 한 번 정한 먹잇감을 놓치지 않는 송골매와 같은 근성이 있지요. 무슨 일을 실행하는 데 있어 근성은 매우 중요하지요. 근성을 좀 색다르게 말한다면 프로정신이라고 할 수 있지요.

프로와 아마추어를 한 번 비교해 보지요. 프로는 자신이 하는 일에 목숨을 걸지만, 아마추어는 그렇지 않습니다. 왜냐하면, 프로는 자신이 하는 일을 소중하게 여기지만, 아마추어는 단지 흥미로 여기기 때문입니다. 프로와 아마추어는 이처럼 큰 차이를 보입니다.

셋째, 목표가 뚜렷하지요. 신념 형 인간은 자신이 가고자 하는 길을 정하면 미련스러울 정도로 그 길을 향해 갑니다. 그 길이 자신을 힘들게 하고 고통스럽게 해도 아랑곳하지 않습니다. 자신의 모든 것을 감수하고서라도 그 길을 걸어가지요.

넷째, 자기 주관이 분명하고 자기만의 철학을 가지고 있지요. 자기 주관과 철학이 분명한 사람은 뿌리 깊은 나무와 같아 그 어떤 시련 앞에서도 결코 흔들림이 없답니다. 그래서 그 어떤 상황에서도 좌절하지 않고 성공의 면류관을 쓰게 되는 것이랍니다.

자신이 하는 일에
관심과 신념을 갖지 않으면 안 된다.
그리고 누구나 자기가 옳다고 굳게 믿는 일을
실행할 만한 힘은 가지고 있는 법이다.
자기 자신에게 그러한 힘이 있을까
망설이지 말고 앞으로 나아가라.

-괴테

김덕수 사물놀이의 리더 김덕수!

그는 장인 정신으로 똘똘 뭉친 가장 한국적인 예술가이지요. 작은 키에 당차고 단단한 그는 신명 나는 사물놀이를 펼칠 때 가장 행복하고 가장 한국적인 사람이 된답니다.

그가 취한 사무놀이는 꽹과리, 징, 북, 장구 등 네 개의 타악기로만 구성되었지요. 어찌 보면 아주 단순한 것 같지만, 함께 어우러지며 내는 소리는 듣는 사람들의 어깨를 흔들게 하고, 덩실덩실 춤까지 추게 하는 묘한 매력을 발산하지요. 이것이 그가 사물놀이를 만든 가장 중요한 요인이고, 그러한 그의 생각대로 사물놀이는 국악에 있어 하나의 장르로 굳건히 자리를 잡은 지 이미 오래입니다.

사물놀이는 국내는 물론 해외에서도 큰 반향을 일으키며 가장 한국적인 것을 상징하는 매체로 작용할 만큼 그 위상을 높였지요.

김덕수는 모든 분야에서 새롭다는 명분 아래 외국 것을 선호하고 따라 하기에 여념이 없는 사람들 숲에서, 고집스럽게 우리 것을 사랑하고 보존하는 일은 물론, 그것을 세계에 알리는 일에도 남다른 열정과 끼를 아끼지 않는 철저함을 가지고 있습니다. 그는 단순한 국악인이 아니라 새로운 것을 받아들여 더 새롭게 재창조하는 능력을 지닌 창의적인 예능인입니다.

그가 5살 때 아버지의 손에 이끌려 남사당 무동으로 국악의 길에 들어선 이래, 고집스럽게 한 길로만 걸어올 수 있었던 것은 강한 신념에서 오는 근성과 끈기, 자기 주관과 철학이 있었기 때문이지요.

옥수수 박사 김순권!

그는 가난한 농촌에서 태어나 어린 시절부터 농사일을 거두며 공부를 했습니다. 그는 울산 농고를 거쳐 경북대학교 농대를 졸업하고, 농촌진흥청 작물시험장에 들어가면서 옥수수 연구를 하기 시작했지요. 그러다 동서 문화 센터 장학생으로 선발되어 열대 농작물 연구 분야의 명문인 하와이 대학으로 유학을 떠나 공부를 하고 박사학위를 땄습니다.

공부를 마친 그는 한국으로 돌아와 연구에 연구를 거듭한 끝에 교잡종 옥수수인 수원 19호, 20호, 21호 개발에 성공했지요. 그는 더 나은 옥수수 개발을 위해 하와이에서 교잡종 종자를 대량으로 육성해 한국으로 돌아왔지만, 난관에 부딪히게 되었지요. 당시 선진국 학자들이나 한국에서도 개발도상국에서는 교잡종이 성공할 수 없다는 게 일반적인 생각이었지요.

그러나 그는 이에 굴하지 않고 노력한 끝에 교잡종 옥수수는 그해 수확량 90% 증가, 농가 순소득 3배 증가라는 성과를 이루어냈지요. 그의 열정적인 노력은 중국, 북한, 태국, 인도네시아, 필리핀, 인도, 파키스탄 등 아시아 각국에서 큰 반향을 일으키며 아프리카 남미에 이르기까지 교잡종 옥수수의 붐을 일으켰지요. 특히, 아프리카에서는 옥수수밭을 폐허로 만드는 '스트라이가'라는 풀이 있는데, 서구 학자들도 백 년이 넘도록 그것을 해결하지 못했다고 합니다. 그런데 나이지리아에 있는 유엔 산하 국제 열대농업연구소에서 옥수수 육종 연구원으로 있던 김순권 박사가 이 풀에도 견딜 수 있는 옥수수를 개발했던 것이지요. 그는 이 외에도 위축성 바이러스 저항성 품종 육성과 중서부 아프리카에 맞는 교잡종 육성 등에 성공함으로써

'서부 아프리카의 옥수수 아버지'로 불리게 되었지요. 그는 이런 공로를 인정받아 나이지리아 정부로부터 오순 스테이트 에리파 마을의 명예 추장 마이에군(가난한 사람을 배불리 먹이는 사람)으로 추대되었지요.

그는 17년이란 긴 세월을 아프리카에서 보내다 한국으로 돌아와 1998년부터 북한 식량 해결을 위한 '북한 형 슈퍼옥수수 개발 프로젝트'를 수립하여 연구에 몰두하고 있답니다.

그가 오랜 세월 동안 옥수수 교잡종 육성을 위해 살아올 수 있었던 것은, 굳은 신념에서 오는 강인한 근성과 끈기에 있었지요. 또한, 자기만의 주관과 철학 역시 그가 성공적인 길을 걸어올 수 있는 데 큰 힘이 되었지요.

성공하고 싶다면 확고한 신념을 가져라

성공하고 싶다면 확고한 신념을 가져야 합니다. 무언가를 이루고 싶은 욕망을 실현하는데 가장 중요한 마음의 요소는 바로 신념이지요. 확고한 신념이 있는 사람은 용기와 끈기, 목표에 대한 강한 추진력을 갖고 어떻게든 자기 뜻을 성사시키려고 하기 때문에 좋은 결과를 얻게 되는 것이지요.

그러나 신념이 약하거나 우유부단한 사람은 끈기가 없어 무슨 일을 하다가도 금방 포기하고 만답니다. 신념이 없는 사람은 열정도 없고 목표에 대한 강인한 의지도 없다 보니 매사에 흐지부지하고 말지요.

한창 꿈을 키우고 미래에 대한 신념으로 가득 차야 할 청소년들이 신념도 없고 주체성도 없다면, 그것처럼 허무하고 안타까운 일은 없지요. 그런데 요즘 청소년들에게 물어보면 미래에 대한 확고한 신념이 없음을 알 수 있답니다. 청소년들이 그렇게 된 데는 공부 경쟁에서 오는 과도한 중압감으로 인해 심신이 지쳐있을 뿐만 아니라, 각 개개인의 특성에 맞는 교육이 아니라 천편일률적인 점수 따기 공부에만 매달려 있어 자신이 무엇을 잘하는지에 대한 개념이 없기 때문입니다.

물론 그중에는 일찌감치 자신의 재능을 살려 확고한 신념으로 꿈의 길로 나아가고 있는 청소년들도 있지요. 자신의 재능을 계발하며 꿈을 향해 나가는 청소년들은 대다수 청소년에 비해 행복지수가 높지요. 그 이유는 자신이 하고 싶은 것을 한다는 것은 매우 긍정적이고 능동적인 마음을 갖게 하기 때문이지요.

자신의 밝은 미래와 행복한 삶을 꿈꾼다면 확고한 신념을 마음에 새겨 굳세게 나아가야 합니다.

시간은 언제나 사람을 기다려 주지 않습니다. 흘러가는 시간 속에 묻혀 가느냐, 아니면 그 시간을 내가 주도하느냐 하는 것은 크나큰 결과를 낳는 법이지요.

생동감 있는 인생을 살고 싶다면 확고한 신념을 갖고 자신의 목표를 향해 힘차게 나아가세요. 그렇게만 할 수 있다면 그가 누구든 반드시 인생의 승리자가 되어 만족한 삶을 살게 될 것입니다.

꿈을 기르는
참 좋은 생각!

01 신념이 강한 사람은 자신에게 부족한 재능을 뛰어넘는 에너지를 가지고 있지요. 신념을 뛰어넘는 재능은 없답니다.

02 신념 형 인간은 몇 가지 특성이 있답니다. 첫째, 끈기가 고래 심줄같이 질기지요. 둘째, 한 번 정한 먹잇감을 놓치지 않는 송골매와 같은 근성이 있지요. 셋째, 목표가 뚜렷하지요. 넷째, 자기 주관이 분명하고 자기만의 철학을 가지고 있지요.

03 성공하고 싶다면 확고한 신념을 가져야 합니다. 사람이 무언가를 이루고 싶은 욕망을 실현하는데 가장 중요한 마음의 요소는 바로 신념이지요. 확고한 신념이 있는 사람은 용기와 끈기, 목표에 대한 강한 추진력을 갖고 어떻게든 자기 뜻을 성사시키려고 하기 때문에 좋은 결과를 얻게 되는 것이지요.

hope class
14

●

모르는 것은
꼭 알고 넘어가기

아는 것은 지혜의 근본이다

'아는 것이 힘이다'라는 말이 있습니다. 안다는 것은 인간이 살아가는 데 있어 매우 중요하기 때문이지요. 알아야 자신이 하고 싶은 일도 제대로 할 수 있고, 세상을 좀 더 가치 있게 살아갈 수 있지요. 그런데 아는 것보다 모르는 것이 더 많으면 자신의 의지대로 살아가는 데 있어 한계에 부딪히게 되고 그로 인해 불행을 경험하게 되지요. 그렇게 되면 매사에 자신감을 잃을 수도 있고, 자신에 대해 스스로 실망하게 되어 소극적이고 피동적인 삶을 살게 되지요.

　누구나 소극적이고 피동적인 삶보다는 적극적이고 능동적인 삶을 원할 것입니다. 그런데 이를 알고도 배우는 일에 게을리한다면 그것은 오직 자신의 잘못이지요. 왜냐하면, 몰라서 못 하는 것은 어리석은 일이나 알면서 행하지 않으면 그것은 자신을 함부로 여기는 일이기 때문이지요.

　"내가 일찍이 종일 먹지 아니하고, 밤새 잠자지 않고, 생각해도 유익함이 없도다. 오직 배움만 못 하더라,"라고,"라고 공자는 말했지요. 공자에게 있어 배움은 삶의 근본인 동시에 으뜸이었답니다.

　공자의 말을 보면 배움이란 매우 소중한 일이며 가치 있는 일이라는 것을 알 수 있습니다. 배움이란 알기 위한 수단이기 때문에 배움 없이 안다는 것은 어불성설이지요.

　지혜는 '앎'으로 해서 오고 앎은 '지혜'에서 오지요. 이는 아는 것과 지혜는 서로 상호보완작용을 한다는 것을 의미합니다. 무언가를 배워 알게 되면 그것은 곧 지식이 되고 지혜가 되지요. 그리고 그렇게 해서 쌓은 지식과 지혜는 또 다른 새로운 지식과 지혜를 창조해낸답니다.

몸과 마음이 한창 자라나는 청소년기는 가장 감수성이 예민하고 에너지가 넘치는 시기인데, 이 시기를 얼마나 잘 보내느냐에 따라 사람의 삶의 질은 달라진답니다. 그러므로 자신의 미래를 가치 있게 맞이하려거든, 한시도 게을리하지 말고 힘써 배워야 합니다.

"좋은 시절에 부지런히 힘써라. 세월은 사람을 기다려 주지 않는다." 이는 도연명의 시의 구절인데 이 구절의 의미는 알고자 하는 일에 최선을 다하라는 말이랍니다.

배워서 남 주는 사람이 가장 현명한 사람이다

자신에게 있는 지식이나 지혜와 능력을 남을 위해 쓸 수 있다는 것은 행복한 일이지요. 그리고 남에게 자신이 알고 있는 것을 전해주는 사람은 현명한 사람입니다. 그런데 자신이 알고 있는 것을 자신만을 위해 쓴다면 그것은 지식의 낭비며 헛된 지혜이지요.

아는 것을 함께 공유하는 것은 자신에게도 유익한 일이지만 모두를 위해서는 더욱 보람되고 유익한 일이지요.

여기 하나의 '앎'이라는 지식이 있다고 가정해보지요.

그 하나의 '앎'을 그대로 두면 하나일 뿐이지만, 그것을 여럿이 함께 공유하다 보면 모두에게 유익을 주게 되고 각자가 그것을 바탕으로 하여 연구를 한다면, 새로운 지식을 계발해 내는 기쁜 결과를 얻을 수 있답니다. 참으로 창조적이고 긍정적인 소득이 아닐 수 없지요.

《탈무드》에는 잘 배운 사람에게는 그만큼의 책임이 있다고 나와 있습니다. 왜냐하면, 많이 아는 사람은 그만큼 해야 할 일이 있기 때문이지요. 여기서 말하는 책임은 바로 남을 가르치는 일입니다. 남을 가르친다는 것은 유대인들에게는 최고의 영예이지요. 그런데 아무나 남을 가르칠 수는 없지요. 많은 공부를 하여 많은 것을 알고 있는 사람이나 남을 가르칠 수 있지요.

유대인들의 세계엔 랍비라는 직책이 있습니다. 랍비란 남을 가르치는 선생을 말하는데 랍비가 되기 위해서는 다양한 지식을 쌓아야 합니다. 그리고 랍비가 될 수 있는 자격을 취득해야 합니다. 우리식으로 치면 교원자격증을 취득해야 함을 말하지요. 그러기 때문에 누구나 랍비가 될 수 없지요. 높은 학문을 갖춘 자만이 랍비가 될 수 있습니다.

유대인들이 랍비를 존경하고 그들의 가르침을 소중히 여기는 것은 랍비는 유대인 사회에서 보석 같은 존재이기 때문이지요. 유대인 사회에서 최고위층에 속하는 랍비는, 세금까지 면제를 받는다고 하니 가르침을 주는 사람에 대한 그들의 예우가 어떤지를 잘 알 수 있을 거예요.

조선 시대 퇴계 이황 선생은 후학들에게 가르침을 주는 것을 평생의 과업으로 삼은 참 스승이지요. 꾸준히 학문에 정진했던 그는 높은 학문으로 평생을 호의호식하며 살수도 있었지만, 나라를 위해 학문의 발전을 위해 벼슬을 마다하고 고향인 안동으로 낙향하여 도산서원을 세우고 많은 후학을 길러냈지요. 한 마디로 그의 일생은 가르침의 미덕을 온몸으로 보여준 삶이었답니다.

이런 점에서는 김종직, 이율곡, 송시열 등 조선 시대 최고의 학식을 두루 갖춘 스승들 역시 마찬가지지요. 이를 보더라도 남을 가르치는 일이 얼마나 소중하고 가치 있는 일이었는지를 잘 알 수 있답니다.

예로부터 가르침을 주는 스승에겐 예를 갖춰 극진히 모셨지요. 군사부일체君師父一體라는 말을 보면 그것을 잘 알 수 있지요. 가르침을 주는 일이 그만큼 고귀한 일이기 때문이랍니다.

지식은 흐르는 강물과 같아 늘 배우고 익히는 일에 게을리하면 안 된답니다. 진보하지 못하고 머물러 있는 학문은 더는 학문으로써의 가치를 상실하게 되지요.

《탈무드》에 보면 "자신이 진보하지 않으면 세계는 진보하지 않는다."라는 말이 있습니다. 끊임없이 배우고 익혀 타인들에게 가르침을 주는 진보하는 삶을 살아야 합니다.

창조적인 힘은 아는 것에 있다

창조적인 힘은 아는 것에 있지요. 아무리 좋은 프로젝트를 가지고 있다고 해도 그것에 대해 알지 못하면 아무 소용이 없습니다. 아는 것이 없는데 어떻게 그것을 해 나갈 수 있을까요.

모르면 아무것도 할 수 없습니다. 모를 때의 답답함

은 겪어 보지 않으면 잘 모르지요. 그 캄캄한 막연함이라니……

누구나 한두 번은 이런 경험이 있을 거예요. 그렇지 않나요?

있다고요? 그래요. 그게 사람이니까요.

그런데 문제는 지혜로운 사람은 잘못을 통해 깨달음을 얻어 아는 일에 적극적이지만 우매한 사람은 알고도 행하지 않지요. 이것이 얼마나 잘못된 일인지도 모른 채.

그에 대한 예를 보도록 하지요.

유대인은 노력하는 사람들로 유명하지요. 그들은 태어나면 어머니 무릎에 앉아 《탈무드》를 익힙니다. 《탈무드》에는 5천 년 유대인의 역사와 지혜가 담겨있는데 유대인 어머니들은 참을성 있게 아이들에게 《탈무드》를 가르치지요. 그러기에 모든 유대인은 《탈무드》를 훤히 꿰고 있고, 《탈무드》의 지혜를 품고 있지요. 그래서일까, 어떤 어려움 속에서도 당황하지 않고 차분하고 지혜롭게 일을 처리해 나가지요.

대개의 사람은 어려운 일을 만나면 당황하여 갈피를 잡

지 못하는데 유대인이 어려울 때일수록 더욱 강해지는 것은 바로 지혜의 힘인 것입니다.

유대인은 자기 계발에 매우 뛰어난 민족입니다. 그들은 문학, 경제, 금융, 예술, 의학, 경영 등 모든 분야에서 매우 우월하다는 것이지요. 그것을 바로 말해주는 예가 있지요.

유대인들이 돈을 인출하면 뉴욕 맨해튼 거리가 텅 빌 정도라고 합니다. 그러니 그 위력이 얼마나 큰지 족히 실감하고도 남을 것입니다.

대표적인 인물로는 20세기 최고의 과학자로 평가받는 뉴턴과 아인슈타인이 있고, 정신분석학자인 프로이트, 그리고 공산주의 창시자인 마르크스 등 그 수를 셀 수 없을 만큼 많답니다.

자신이 인생을 즐기며 성공적인 삶을 살고 싶다면 많은 것을 배우고 익히는 일에 힘써야 합니다. 그리고 배우다 모르는 것이 있으면 꼭 알고 넘어가세요. 절대로 대충하거나 얼렁뚱땅 넘어가지 마세요. 제대로 알아야 자신이 무엇을 하더라도 남보다 더 나은 결과를 얻을 수 있답니다.

나는 스승에게서 많은 것을 배웠고,
친구에게서 많이 배웠고
심지어 제자들에게서도 많이 배웠다.

−탈무드

중학교 2학년인 문수는 공부에 흥미가 없어 늘 부모를 안타깝게 했지요. 공부보다는 게임이 더 좋았고, 노는 건 밤낮을 가리지 않아도 재미있었으니까요. 그러던 그가 공부에 대해 흥미를 갖기 시작했지요.

그것은 신문에 난 기사 때문입니다.

기사 속에 주인공은 재미교포 한영우 박사였습니다. 그는 시각장애인으로서 미국에 가서 공부한 끝에 박사 학위를 받고 한국인으로서는 처음으로 미국 정부의 고위 관리가 되었던 것입니다.

문수는 그 기사를 읽고 큰 감동을 하였지요. 앞을 보지 못하는 사람이 그 어려운 여건 속에서도 박사가 되고 남의 나라에서 크게 성공했는데, 멀쩡한 자신은 부모 몰래 게임이나 하고 빈둥거리며 시간을 보낸다고 생각하니 자신이 너무 한심스럽다는 것을 깨달은 것이지요.

문수는 자신을 위해 열심히 공부해야겠다며 굳게 결심을 하고 엄마에게 말했지요.

"엄마, 저 학원에 보내주세요."

"그, 그래? 그 말 진정이니?"

"네."

"아니, 무슨 일이래. 우리 문수가?"

엄마는 문수의 뜻밖의 말에 어안이 벙벙했지요.

"그동안 난 너무 철이 없었어요. 앞을 보지 못하는 아저씨가 남의 나라에 가서 박사가 되고 고위 관리가 됐데요."

"그래? 그 사람이 누군데?"

"한영우 박사래요."

"한영우 박사?…… 아, 그래. 엄마도 언젠가 텔레비전에서 본 적이 있어. 그 아저씨를 보고 감동을 했구나. 우리 아들이……"

"네, 엄마."

"그래, 보내주지. 우리 아들이 공부를 하겠다는데 어딘들 안 보내줄까."

문수 엄마는 이렇게 말하며 활짝 웃었습니다.

그날 이후 문수는 열심히 공부한 끝에 반에서 20등 하던 것을 5등으로 끌어올렸지요. 그런데도 문수는 만족하지 못합니다. 왜냐하면, 문수에겐 꿈이 생겼기 때문입니다. 문수의 꿈은 사회복지사입니다. 사회복지사가 되어 한영우 박사처럼 어려운 사람들에게 도움을 주는 일을 하고 싶은 것입니다.

문수는 뒤늦게 공부의 즐거움과 공부를 해야 자신의 꿈을 이룰 수 있다는 것을 알게 되었지요. 그래서일까, 그는 자신의 꿈을 위해 오늘도 즐거운 마음으로 학교에 갑니다.

꿈을 기르는
참 좋은 생각!

01 인생을 즐기며 성공적인 삶을 살고 싶다면 많은 것을 배우는 일에 힘써야 합니다. 그리고 배우다 모르는 것이 있으면 꼭 알고 넘어가세요. 절대로 대충 하거나 얼렁뚱땅 넘어가지 마세요. 그리고 하나를 알아도 깊이 아는 자세가 필요합니다. 깊이 알다 보면 새로운 것을 경험하게 될 것입니다.

02 다양한 지식을 쌓아야 합니다. 그렇게 하기 위해서는 많은 책을 읽는 습관을 들이세요. 책을 읽다 보면 많은 것을 알게 되고 그로 인해 지혜롭고 창조적인 사람이 될 수 있답니다.

03 지혜는 앎으로 해서 오고 앎은 지혜에서 오지요. 이는 아는 것과 지혜는 서로 상호보완작용을 한다는 것을 의미합니다. 무언가를 배워 알게 되면 그것은 곧 지식이 되고 지혜가 되지요. 그리고 그렇게 해서 쌓은 지식과 지혜는 또 다른 새로운 지식과 지혜를 창조해낸답니다.

배타적인 마음은
반드시 버려야 한다

부정적인 생각이 배타적인 사람을 만든다

안 돼, 할 수 없어, 같은 말들은 부정적인 생각에서 나오는 말들이지요. 이런 말들을 자꾸만 하다 보면 습관이 되고, 자신이 충분히 할 수 있는 일도 할 수 없다고 여기게 되지요. 부정적인 생각은 사람의 능력을 떨어뜨리고 배타적인 사람으로 만드는 독소입니다.

로마제국의 위대한 황제이며 철학자였던 마르쿠스 아우렐리우스는 말하기를 "우리의 인생은 우리의 생각에 따라서 만들어진다."라고 했지요. 참으로 멋지고 긍정적인 말이 아닐 수 없군요.

이 말이 의미하는 것처럼 생각은 그만큼 중요한 것이지요. 모든 행동이나 말은 생각에서 나오는 대로 따르는 만큼, 생각을 어떻게 하느냐는 매우 중요한 일입니다.

그렇다면 어떻게 해야 할까요?

그것은 당연히 부정적이고 배타적인 생각을 버리고 긍정적이고 능동적인 생각을 해야겠지요. 긍정적인 생각을 하기 위해서는

첫째, 항상 '나는 할 수 있다', '나에게는 못할 것이 없다'는 생각을 하세요. 이런 생각을 자꾸만 하다 보면 불가능한 일도 가능하게 하는 힘을 기를 수 있습니다.

둘째, 생각한 것은 반드시 실행하세요. 생각으로만 그치면 그것은 아무것도 아닌 것이 되고 맙니다. 그래서 무언가를 이루는 사람과 그렇지 않은 사람의 차이는 생각만 하느냐 아니면 실행에 옮기느냐에 달렸지요.

셋째, 항상 긍정적인 사람과 만나고 그와 대화하세요. 긍정적인 사람은 긍정적인 말만 하고 긍정적인 행동만 한답니다. 그래서 그런 사람과 교류를 하다 보면 자신도 긍

정적인 사람이 될 수 있답니다.

넷째, 긍정적인 말과 글을 마음에 새기세요. 책을 읽다가도, 신문이나 잡지를 보다가도 긍정적인 문구를 보게 되면 밑줄을 그어 이를 적극적으로 활용하세요.

이와 같은 4가지의 방법을 잘만 활용한다면 반드시 긍정적인 생각을 기를 수 있답니다.

고등학교 1학년인 소연은 자신은 아무 재능도 없는 아이라고 생각합니다. 또한, 성적이 우수한 것도 아니고 보니 매사에 자신이 없고 부정적이고 배타적입니다. 소연을 보며 너도 잘할 수 있는 게 있다고 말을 해도, 도무지 엄마 말은 믿으려고 하지도 않습니다. 그저 엄마 딸이니까 하는 말이겠지,라고 생각할 뿐입니다. 엄마는 자신의 마음을 몰라주는 소연을 보면 마음이 아팠습니다.

그러던 어느 날 엄마는 싫다는 소연을 간신히 달래 도서관에 데리고 갔습니다. 그곳에선 청소년들을 위한 상담이 있었습니다. 엄마는 그곳에서 소연이에게 자신감을 찾아주고 싶었던 겁니다. 그곳에는 각 분야의 전문가들이 청소년 개개인에게 상담을 해주었지요.

도서관에 많은 청소년이 있는 것을 보고 소연은 잠시 놀라는 눈치였습니다. 자신이 생각해도 이렇게 많은 아이들이 있을 줄 몰랐기 때문이지요.

소연은 미술 전문가에게 상담을 받았습니다. 물론 엄마의 권유에 의해서지요. 미술 상담을 받는 또래 아이들도 십여 명이나 되었지요.

상담 선생님은 종이와 펜을 나누어 주고 30분 동안 자신이 그리고 싶은 것은 소재에 제한받지 말고 무엇이든 그리라고 했습니다.

소연은 별로 내키지 않아 했으나 다른 아이들은 매우 신중하였지요. 그 모습을 보고 소연도 진지하게 자세를 가졌답니다.

소연은 무언가를 골똘히 생각하느라 선뜻 그림을 그리지 못하다가 10여 분이 지난 다음에야 그리기 시작했습니다. 그리고 20분 후에 그림 그리기를 마치고 상담 선생님과 일대일 상담이 있었습니다.

얼마를 기다린 끝에 드디어 소연의 차례가 되었지요.

"소연이는 그림 그리는 것을 어떻게 생각하지?"

상담 선생님은 엷은 미소를 지으며 말했지요.

"별로 생각해 본 적이 없는데요."

"왜 그렇게 생각하지?"

"그림을 잘 그린다고 생각해 본 적이 없어서요."

"그래? 근데, 소연이는 내가 보기에 상당히 소질이 있어. 사물을 보는 눈이 참 신선하고 창의력도 좋고. 그림 공부를 해보는 게 좋을 것 같은데?"

상담 선생님은 아주 진지하게 말했지요. 하지만 소연은 선뜻 대답하지 못했답니다. 한 번도 그림에 대해 생각해 본 적도 없고 너무 갑작스러운 말이라서 무어라고 대답할 수가 없었던 거지요.

"갑작스러운 질문이라 대답하기가 곤란했나 보구나."

"예? 아, 예……"

소연은 더듬거리며 말했지요.

"좋은 재능을 가지고 있는 게 분명해. 열심히 해봐."

소연은 집으로 돌아와서도 상담 선생님이 한 말이 잊히지 않았어요. 여태껏 소연은 누군가로부터 자신에 대해 진지하게 말하는 것을 들어본 적이 없었답니다. 더구나 칭찬까지 해가며.

소연의 가슴에선 희망의 향기가 솔솔 피어나기 시작했지요.

그녀는 빈센트 반 고흐가 어려운 환경 속에서도 훌륭한 그림을 그린 것에 대해 생각했지요. 그리고 자신도 한번 해보면 어떨까, 하고 거듭 생각한 끝에 그림 공부를 시작하였지요.

선생님의 칭찬에 자신감을 찾은 소연은 하루가 다르게 변해갔지요. 그리고 얼마 후 그녀는 자신도 잘할 수 있다는 확신을 하게 되었지요. 소연은 열심히 노력한 끝에 전국대회에서 금상을 받는 기쁨을 누렸습니다. 지금 그녀는 자신의 빛나는 미래를 위해 열심히 그림을 그리고 있답니다.

부정적이고 배타적인 소연의 생각이 바뀌자 놀라운 변화가 일어난 것처럼, 자신이 부정적이고 배타적이라는 생각이 든다면 지금 당장, 자기 생각을 능동적으로 바꾸세요.

반드시 꿈과 희망으로 가득 찬 자신의 모습을 보게 될 거예요.

우리의 인생은 우리가
생각하는 대로 만들어진다.

−마르쿠스 아우렐리우스

긍정적인 생각을 기르는 7가지 방법

아무리 심약한 사람도 마음을 어떻게 갖느냐에 따라 강한 자신감으로 무장할 수 있답니다. 물론, 그렇게 되기 위해서는 많은 노력이 필요하지요. 노력이 따르지 않는 개선은 의미가 없지만, 열정이 따르고 의지가 함께한다면 충분히 좋은 결과를 얻게 된답니다.

우리 역사에서 가장 훌륭한 사람으로 존경받는 이순신 장군은 어렸을 때 매우 심약한 어린이였지요. 청소년이 되어서도 마찬가지였고요. 하지만 그런 그에게 변화가 오지요. 몰락한 양반가의 자신에게도 분명 할 일이 있다고 결심하게 된 거지요. 그가 이처럼 의지를 갖게 된 데는 훗날 명재상이 된 류성룡의 격려가 컸답니다. 류성룡은 심약한 이순신을 항상 따뜻하게 대해주었고, 용기와 자신감을 불어 넣어주었지요.

이순신은 류성룡을 통해 자신감을 키울 수 있었고, 임진왜란을 승리로 끌어내며 나라와 백성을 지켜낸 만고의 충신으로 남게 된 거랍니다.

몽골을 세우고 중앙아시아는 물론 유럽까지 진출하며 용맹을 떨쳤던 세계 속의 영웅 칭기즈칸!

칭기즈칸 역시 어린 시절 무척이나 심약했지요. 그가 제일 무서워 한 것은 시베리아를 주름잡던 호랑이가 아니라 바로 개였답니다. 개에게 호되게 한 번 놀란 후 개만 보면 무서워 벌벌 떨었지요. 하지만 이런 칭기즈칸도 커가면서 점점 자신감을 키울 수 있었지요. 그것은 바로 아버지가 죽으면서 한 약속 때문이었지요. 그는 강한 나라를 세우고 가족과 민족을 책임지라는 아버지와의 약속을 지키기 위해 스스로 강해지지 않으면 안 되었지요. 그는 강한 자신감과 굳은 의지를 키웠지요.

그 결과 그는 몽골제국을 세우고 세계 속의 영웅이 되었답니다.

노만 V. 피일 박사는 사람은 얼마든지 긍정적이고 적극적인 사람이 될 수 있다고 했습니다. 그가 말한 긍정적이고 적극적인 생각을 기르는 7가지 방법에 대해 알아보지요.

첫째, 앞으로 자신이 하고자 하는 일과 미래에 대해 희망을 품고 24시간 동안 얘기해보세요. 그리고 모든 것을 낙관적으로 생각하고 얘기하세요. 소극적이고 비관적인 습관에서 벗어나는 의지를 갖춰야 합니다.

둘째, 24시간 동안 희망에 찬 얘기를 했다면 이번엔 일 주일 동안 계속 얘기해보세요. 그렇게 하다 보면 자신의 현실을 느끼게 되고 자신의 소극적인 생각도 발견하게 될 것입니다. 그리고 자신이 긍정적인 사람이 되어야겠다는 생각을 하게 되지요.

셋째, 자신의 몸을 돌보는 것처럼 자신의 정신을 돌보지 않으면 안 됩니다. 정신이 건강해야 합니다. 정신을 건강하게 하려면 건전한 생각을 해야 하지요. 또한, 건강한 생각을 가지려면 소극적인 생각을 버리세요. 그리고 적극적인 생각으로 갈아 넣어야 합니다.

넷째, 적극적인 말을 하고, 적극적인 문구에 밑줄을 그어 매일 읽고 암기하세요. 그러기 위해서는 시간이 걸릴 것입니다. 적극적인 사람이 되기 위해서는 시간을 아까워하지 마세요. 시간을 투자하는 만큼 강한 의지를 키우게 되는 것입니다.

다섯째, 자신 주변 친구들 중 적극적인 친구의 이름을 적으세요. 그리고 적극적인 친구들과 교류하세요. 그리하면 그들로부터 적극적인 생각을 배우게 되고 자신 역시 적극적인 사람으로 변화할 것입니다.

여섯째, 불필요한 논쟁은 피하세요. 불필요한 논쟁은 소모를 가져오지요. 그러나 소극적인 사람을 만나면, 적극적이고 자신감 넘치는 자세로 임해야 합니다.

일곱째, 항상 기도하고 묵상하세요. 그리고 신이 자신을 도와줄 거라고 믿으세요. 그리하면 마음속으로부터 강한 자신감과 용기가 생길 것입니다. 그리고 자신이 원하는 것은 모두 다 이룰 수 있다고 생각하세요.

꿈을 기르는
참 좋은 생각!

01 앞으로 자신이 하고자 하는 일과 미래에 대해 희망을 품고 24시간 동안 얘기해보세요.

02 24시간 동안 희망에 찬 얘기를 했다면 이번엔 일주일 동안 계속 얘기해보세요.

03 자신의 몸을 돌보는 것처럼 자신의 정신을 돌보지 않으면 안 됩니다.

04 적극적인 말을 하고, 적극적인 문구에 밑줄을 그어 매일 읽고 암기하세요.

05 자신 주변 친구 중 적극적인 친구의 이름을 적으세요.

06 불필요한 논쟁은 피하세요. 불필요한 논쟁은 소모를 가져오지요.

07 항상 기도하고 묵상하세요.

hope class
16

주어진 일에
최선을 다하기

지금 하고 있는 일에 최선을 다하라

지금 자신이 하는 일에 온 힘을 다해야 합니다. 10대는 꿈을 향해 한창 달려가는 시기이고 꿈을 위해 공부하는 시기이지요. 이처럼 소중한 시기에 불평불만이나 늘어놓는다고 생각해 보세요. 그것처럼 어리석은 짓은 없지요. 그런데 자신이 지금 하는 일에 대해 불평하고 불만을 토로하는 10대들이, 뜻밖에 많다는 사실에 당혹감을 감출 수가 없습니다.

그럼, 왜 이런 현상이 생기는 걸까요?

그것은 자신의 능력에 비해 큰 꿈을 원하거나 남의 떡이 더 커 보인다는 말처럼 남의 것만 쫓아가려는 마음에서 오는 열등의식 때문이지요. 사람들에겐 각기 자신에게 맞는 재능이 있고 능력이 있습니다. 자신의 재능이 무엇인지를 신속히 발견해서 재능을 살리는 일에 열정을 쏟아부어야 합니다. 그런데 그 귀한 시간에 불평불만이나 한다면, 자신에게 주어진 소중한 시간을 도둑맞는 것과 같지요.

만 17살의 고교생이 시인으로 등단해 화제가 되었습니다. 이는 정식으로 등단 절차를 밟은 것이기에 더욱 의의가 있지요. 그 주인공은 고양예고 문예창작과 2학년인 노지연 양입니다. 그녀는 시에 매력을 느껴 중학교 3학년 때 예고 입시를 준비하면서 본격적인 시 쓰기를 공부했습니다.

"공부를 할수록 시라는 장르에 매력을 느꼈습니다."라고 말하는 그녀의 모습은 매우 흥분되고 기쁨에 차 있었지요. 시에 푹 빠진 그녀는 추계예술대학 고교 백일장에서 장원을 차지함은 물론 명지대, 전북대 등 여러 대학과 고교 백일장에서 입상하며 시인의 꿈을 키웠지요. 그 결과 시 계간지 《시인세계》를 통해 당선되는 영광을 안았답니다. 게다가 고교생이 시인으로 등단한 것은 1949년 같은 나이에 등단한 〈낙화〉라는 시로 잘 알려진 이형기 시인 이래 60년 만이라고 하니 참 기특하고 장한 일이지요.

시 공부를 하는 어른들도 해내기 힘든 등단을 고교생인 노지연 양이 해낼 수 있었던 것은, 지금 자신이 하는 일을 최선의 것으로 여기고 열정을 다 바쳐 노력을 기울인 결과이지요.

자신이 원하는 것을 반드시 이루고 싶다면 자신이 하는 일에 적극적으로 노력하는 자세를 가져야 합니다. 인생의 황금기인 청소년 시기에 불평이나 늘어놓고 있다면, 자신에게 돌아오는 것은 좌절과 아픔뿐이랍니다.

역시 고교생인 조규성 군은 4년째 보육 시설을 찾아다니며 바이올린 연주를 합니다. 그는 음악회에 갈 기회가 많지 않은 보육 시설 아이들에게 자신의 재능인 바이올린을 연주하여 꿈과 희망을 주고 싶었지요. 또한, 그것은 자신의 밝은 미래를 준비하는 것과도 같다고 여긴 것이지요.

조 군은 6살 때부터 바이올린을 배웠는데 연주 솜씨가 뛰어나 인천 청소년 교향악단과 뉴질랜드 오클랜드 청소년 교향악단에서 연주자로 활동한 경력을 가진 재주꾼입니다.

조규성 군이 지금처럼 남을 위해 봉사하게 된 계기는, 초등학교 4학년 때 봉사단에 가입해 꾸준히 봉사활동을 해온 결과라고 합니다. 이 얼마나 아름다운 선행인지요. 아무나 할 수 없는 일을 하는 조 군은 참 멋진 10대입니다.

노지연 양이나 조규성 군 같이 보람 있는 10대를 보내려면, 지금 자신이 하는 일에 열정을 다 바쳐야 합니다. 그렇게 된다면 그로 말미암아 자신의 인생을 멋지고 뜻있게 보낼 수 있고, 성공적인 미래를 보장받을 수 있답니다.

지금은 참 소중한 순간입니다.

이 소중한 지금을 위해 자신이 하는 일을 최선으로 여기고 힘차게 나아가야 합니다.

우리가 할 수 있는
최선을 대할 때,
우리 혹은 타인의 삶에
어떤 기적이 나타나는지
아무도 모른다
-헬렌 켈러

최고의 인생을 꿈꾸기

최고의 인생을 꿈꾼다면 자신이 하는 일에 대해 온 힘을 다해야 합니다. 최선의 노력도 없이 어떻게 최고의 인생을 꿈꿀 수 있을까요. 인생의 선물은 자신이 노력한 만큼 받게 되어 있습니다. 노력 이상의 것을 바라는 것은 하나의 바람에 불과하답니다.

조지 W. 부시 미국 대통령 재임 시 두 번째 국무장관을 역임한 콘돌리자 라이스!

까만 피부, 흐트러짐 없는 자세, 예리하고 냉철해 보이는 눈, 반듯한 걸음걸이는 보는 사람들에게 함부로 범접할 수 없는 강한 이미지로 다가오지요. 그리고 실제에서도 냉철하고 확실한 태도로 외교활동을 벌인 그녀.

그녀는 강한 미국을 표방했던 부시 대통령의 의중을 실행에 옮긴 여장부였지요.

한 마디로 똑소리 나는 그녀는 목사였던 아버지와 음악 교사였던 어머니의 영향을 받아, 신중하면서도 부드럽고 배려심 있는 자세로 상대방에게 믿음을 주었답니다.

그녀는 미 명문 대학인 스탠퍼드 대학교에서 철학박사 학위를 받았지요. 그리고 최연소이자 흑인 여성으로는 최초로 스탠퍼드 대학교 부총장(1993~1999)을 지냈으며, 조지 W. 부시 대통령 전임 임기 때 안보보좌관(2001~2005)을 지내는 등 탁월한 영향력을 가진 여성입니다.

그녀가 이토록 뛰어난 능력을 발휘할 수 있었던 것은 자기 일에 최선을 다하는 그녀의 열정에 있었지요. 그녀는 자신이 목표로 한 것은 최선을 다해 최고의 결과를 이뤄내는 등 자신을 최고의 인생으로 만든 의지의 여성이랍니다.

세계적 영화배우로 일대를 풍미했던 배우 안소니 퀸!

그는 1915년 멕시코에서 태어났지요. 그 후 아버지를 따라 미국으로 이주해 로스앤젤레스에 정착했지요. 불행히도 아버지가 교통사고로 숨지자 그는 소년 가장이 되어 구두닦이, 신문팔이, 공사장 심부름꾼을 하며 힘든 시기를 보냈지요. 그러다 그는 우연한 기회에 배우가 되는 길을 걷게 되었고, 연기자로서의 입지를 굳혀 갔지요. 그러던 중 영화 〈욕망이라는 이름의 전차〉에서 스텐리 코왈스키 역을 맡아 연기력을 인정받았지요. 그리고 〈혁명아 사파타〉에 출연하여 1953년 아카데미 남우조연상을 받았답니다.

그러나 그는 이에 만족하지 않고 1954년 이탈리아로 가서 페데리코 펠리니 감독의 영화 〈길〉에서 차력사 잠파노 역으로 출연하여 국제적인 명성을 얻었지요. 그리고 1956년에는 〈열정의 랩소디〉에 고갱 역으로 단 8분만 출연하고도 두 번째 아카데미 남우조연상을 받았답니다.

그 후 그는 〈노트르담 고추〉, 〈나발론 요새〉, 〈사막의 라이언〉 등 모두 150편이 넘는 영화에서 남성미가 넘치는 캐릭터로 선이 굵은 연기를 펼쳐 1987년 아카데미 평생 공로상인 '세실 B. 더밀 상'을 헌정하였답니다.

그가 가난한 소년가장으로서 세계적인 영화배우로 영원히 남기까지에는, 그의 피눈물 나는 노력과 열정이 있었기 때문입니다. 그가 자신의 가난을 탓하고 최고의 인생을 꿈꾸지 않았다면, 절대로 최고의 인생은 되지 못했을 것입니다.

인생에 연장전은 없다

인생은 흐르는 물과 같답니다. 한 번 흘러간 시간은 두 번 다시 돌아오지 않는 것처럼 인생도 그렇습니다. 그런데 인생을 함부로 산다면 어떻게 될까요. 그것은 자신에게 주어진 시간을 무가치하게 파먹어버리는 것과 같지요.

축구의 경우를 한 번 볼까요?

축구는 전후반을 하고도 승부가 나지 않으면 연장전을 치러 승부를 가리지요. 그리고 그 역시 승부를 가리지 못하면 승부차기를 통해 승부를 결정짓지요.

그러나 인생에 있어서는 연장전도 없고, 승부차기도 없지요.

인생은 오직 한 번뿐입니다. 그런 만큼 인생을 소중히 여기고 최선을 다해야 합니다.

러시아가 낳은 최고의 작가이자 사상가인, 톨스토이!

톨스토이는 러시아의 문학의 거장이며 세계적 문호이지요. 그는 러시아 명문 백작의 4남으로 태어나 어린 시절 부모를 잃고 친척 집에서 자라났지요. 청년이 된 그는 대학교육에 염증을 느껴 중퇴를 하고 고향으로 돌아와 잠시 방탕한 생활을 하였지요.

그러나 그는 곧 마음을 바로잡고 군 사관 후보생으로 복무하며, 처녀작인 《유년 시대》를 익명으로 발표하였는데 격찬을 받았답니다. 그리고 1857년 그는 서유럽 문명을 돌아보고는 실망하고 귀국하여, 인간의 삶을 새롭게 관조하면서 불후의 명작 《전쟁과 평화》를 발표하고 이어 《안나카레리나》를 완성하였답니다.

그 후 그는 죽음에 대한 공포에 시달리며 과학, 철학, 예술에 의해 해답을 구하려 했지만 포기하고 독실한 신자가 되었지요. 그리고 《교의 산학비판》, 《요한복음서》, 《교회와 국가》, 《나의 신앙》 등을 통해 그의 사상을 체계화하였지요.

또한, 그는 검소한 사랑의 정신으로 전 세계에 복지사회를 꿈꾸며 최선의 삶을 사는데 정진을 다 했지요. 이때 그는 유명한 《부활》을 발표하면서 그의 명성을 더 널리 부각했답니다. 그는 또 《예술이란 무엇인가》, 《신부 세르게이》 등 많은 작품을 썼으며, 논문으로는 〈종교와 도덕〉, 〈자기완성의 의의〉, 〈셰익스피어론〉, 〈인생의 길〉 등 많은 작품을 남겼답니다.

톨스토이는 편안하고 안락한 생활을 할 수 있음에도 불구하고 가난한 이들을 위해 살았으며, 건전한 신앙생활을 통해 검소한 삶을 살았지요. 그는 작가로서뿐만 아니라 사상가로서, 문명비평가로서 세계문학사에 길이 남는 위대한 인생이었답니다.

만약, 톨스토이가 인생에 연장전이 있으니 대충 하다가 안 되면 다시 하지 뭐, 하는 식으로 삶을 살았다면 그와 같이 최고의 인생은 되지 못했을 겁니다. 아무리 천재성을 가진 사람도 최선의 노력을 하지 않으면 결코 최고의 인생이 될 수 없답니다.

최고의 인생은 오직 최선을 다할 때만 주어지는 신의 은총이며 인생의 선물입니다.

꿈을 기르는
참 좋은 생각!

01 최고의 인생을 꿈꾼다면 자신이 하는 일에 대해 죽을 각오로 온 힘을 다해야 합니다. 최선의 노력도 없이 어떻게 최고의 인생을 꿈꿀 수 있을까요. 최선의 노력이 최고의 인생을 만듭니다.

02 인생은 흐르는 물과 같답니다. 한 번 흘러간 시간은 두 번 다시 돌아오지 않는 것처럼 인생도 그렇습니다. 그런데 인생을 함부로 산다면 어떻게 될까요. 그것은 자신에게 주어진 시간을 무가치하게 파먹어버리는 것과 같답니다.

03 인생에서는 연장전도 없고, 승부차기도 없지요. 인생은 오직 한 번뿐입니다. 그런 만큼 인생을 소중히 여기고 온 힘을 다해야 합니다. 최고의 인생은 오직 최선을 다할 때만 주어지는 신의 은총이며 인생의 선물입니다.

TEENAGER

Part 04

부지런한 사람이
큰사람이 된다

꿈을 향해
날마다 나아가기

꿈으로 밥을 먹고 꿈으로 물을 마셔라

꿈은 꾸는 것만으로도 사람을 행복하게 하지요. 꿈이 없이 천 일을 사는 것보단 꿈을 안고 백날을 사는 것이 더 행복한 것은, 꿈은 인간이 살아가야 할 이유이며 목표이기 때문입니다. 그런데 꿈이 불투명하다거나 꿈에 대한 확신이 없다면 그것처럼 안타까운 일은 없지요.

지금 당장 자신의 꿈을 확인해 보세요. 그래서 꿈이 있으면 그 꿈을 더 확실하고 크게 키워나가세요. 그리고 꿈이 없다면 하루속히 자신의 꿈을 발견해야 하고, 꿈이 불

확실하다면 꿈을 분명히 해야 합니다.

독일의 시성 괴테는 "꿈꿀 수 있는 것은 그것이 무엇이든 이룰 수 있다"라고 말했습니다.

그렇습니다.

하늘을 날고 싶었던 과거 인간들의 꿈은 이루어졌고, 우주 개척을 꿈꾸던 인간들의 꿈 역시 이루어졌습니다. 과거에는 꿈이었던 것들이 오늘날은 현실이 되었습니다. 꿈은 꾸는 대로 이루어지는 것입니다.

축구 프리스타일러 전권!

그는 21살의 패기 발랄한 젊은이입니다. 그는 축구 프리스타일 세계 일인자입니다. 축구 프리스타일은 개인이 축구공으로 보여주는 온갖 묘기를 말하지요. 그가 보여주는 축구 개인기는 신기 그 차체이지요. 공과 몸이 마치 하나인 것처럼 움직이는 묘기의 현란함은 보는 사람들의 탄성을 자아냅니다. 그만큼 그의 축구 기술은 놀라웠습니다.

그가 세계 제일의 축구 프리스타일러가 될 수 있었던 것은 어린 시절 가슴에 품은 꿈이 있었기 때문이지요. 그는 자신의 꿈을 이루기 위해 인내심을 갖고 개인기를 연마했지요. 그렇게 해서 개인기를 쌓은 그는 자신의 큰 꿈을 위해 고등학교를 졸업하고 축구의 본고장인 영국으로 날아갔습니다. 그리고 자신의 개인기를 보여줌으로써 사람들의 관심을 단번에 끌어들였고, 그는 축구 프리스타일러로서 성공을 거두었답니다.

마술사 임재훈!

그는 2008년 피줌 아시아 마술 갈라 쇼에서 1등을 한 장래가 촉망되는 마술사입니다. 그는 마술사의 꿈을 이루기 위해 고등학교를 중퇴하고 일본으로 마술 유학을 떠났지요. 그는 17살의 어린 나이에도 자신의 꿈을 이루기 위해 가족에 대한 그리움과 외로움을 참아내며 마술 공부에 열정을 쏟아부었습니다. 노력하는 만큼 결과는 따르는 법이지요.

그는 자신의 꿈을 온몸으로 써낸 아름다운 청년입니다.

모든 것은 꿈에서 시작된다.
꿈 없이 가능한 일은 없다.
먼저 꿈을 가져라.
오랫동안 꿈을 그리는 사람은
마침내 그 꿈을 닮아간다.

-앙드레 말로

꿈을 향해 날마다 도약하라

꿈을 가슴속에 간직하고 있다고 해서 꿈이 이루어지는 것은 아니지요. 새가 알을 품고 열심히 정성을 다할 때 새끼가 알에서 깨어나듯, 가슴에 품은 꿈을 이뤄내기 위해서는 꿈을 향해 날마다 도약해야 합니다. 도약하지 않는 꿈은 꿈이 아니지요.

가만히 있는데 저절로 이루어지는 꿈은 그 어디에도 없답니다.

독립영화 〈워낭소리〉의 감독 이충렬!

그는 저예산으로 제작하는 독립영화의 감독이지요. 말이 감독이지 독립영화의 특성상 온갖 일을 해야 합니다. 저예산으로 인해 스텝을 원하는 만큼 고용할 수가 없기 때문이지요.

그가 이토록 힘든 독립영화판에 뛰어든 것은 자신의 꿈을 이루기 위해섭니다. 그는 자신의 꿈을 이루기 위해 영화판에서 온갖 일을 하며 영화를 배웠고, 드디어 자신의 꿈을 실현하는 기회를 얻었지요.

그러나 그가 만든 영화는 제작자와 방송사로부터 호응을 얻지 못했지요. 그가 만든 수백 개의 테이프에 먼지가 쌓여 있다고 하니, 당사자인 그의 심정은 이루 말할 수 없을 만큼 아팠지요.

하지만 그는 방송사나 제작자의 입맛에 맞는 영화를 찍는 대신 자신이 원하는 작품을 찍었지요. 그 결과 독립영화사상 200만이 넘는 관객을 끌어올리며 독립영화계의 전설을 새로 쓴 그가 만든 영화는, 인간과 소와의 관계를 담아낸 〈워낭소리〉이지요.

이 영화도 처음엔 방송사로부터 거절을 당했지요. 한마디로 말해서 상품 가치가 없다는 말인데, 누가 소를 찍은 영화를 보겠느냐는 것이지요. 하지만 그는 괘념치 않고 자신이 계획한 대로 〈워낭소리〉를 찍었는데, 이유는 아버지의 이야기를 담고 싶었기 때문입니다. 고향에서 죽도록 고생만 하는 아버지에 대한 그리움과 감사함을 아름다운 서정으로 담아내고 싶었던 것이죠. 그런데 이 영화가 큰 화제를 일으킬 줄은 아무도 몰랐지요. 그는 이 영화를 제작하는 3년 동안 최고의 장면을 담아내기 위해 온 정성을 다했답니다.

그는 이 영화 한 편으로 독립영화계의 전설이 되었습니다.

이처럼 그가 놀라운 결과를 이뤄낼 수 있었던 힘은, 꿈을 잃지 않고 자신이 원하는 일에 온 열정을 다 바쳤기 때문이지요.

세계 아이스크림의 대명사인 배스킨라빈스의 창업자 어바인 라빈스!

그가 아이스크림의 대명사가 된 것은 1945년 제2차 세계대전이 끝나고 나서였는데 그때 그는 육군에서 막 제대를 했지요. 그 당시 아이스크림만 파는 가게는 그 누구도 상상하지 못했는데 그는 미국 캘리포니아 글렌데일에서 '스노버드'라는 이름의 가게를 냈지요.

그는 훗날 이에 대해 말하기를 자신은 정신 나간 일을 벌이고 싶었다고 했지요. 이는 남과 똑같이 하지 않고 개성 있게 운영을 하고 싶었다는 말이지요.

라빈스는 매부와 동업을 하며 31가지 맛을 내는 아이스크림 개발에 열정을 쏟아부었지요. 그의 피나는 노력은 그가 원하는 대로 놀라운 결과를 가져다주었답니다. 그의 톡톡 튀는 아이디어는 그에게 부와 명성을 안겨 주었던 것이지요.

그는 미국을 벗어나 전 세계에 자신의 꿈을 심기 시작했지요. 그 결과 30여 개 나라에 5,800개가 넘는 매장을 거느리는 아이스크림 거부가 되었답니다. 그는 어린 시절 아버지가 운영하는 아이스크림 가게에서, 손님들에게 아이스크림을 퍼주며 자신의 꿈을 키웠다고 합니다.

결국, 그의 꿈은 그가 원하는 대로 이루어졌고 그는 행복한 삶을 사는 최고의 인생이 되었습니다.

자신의 꿈을 실현하기 위해 날마다 도약을 꿈꾸며 최선을 다한 이충렬 감독과 어바인 라빈스!

그들은 자신들이 원하는 대로 꿈을 이뤄냈습니다.

"꿈꿀 수 있는 것은 그것이 무엇이든 이룰 수 있다"는 괴테의 말처럼 그들의 꿈은 이루어졌던 것입니다.

꿈을 가지세요!

꿈으로 밥을 먹고, 꿈으로 물을 마시고, 꿈으로 대화를 하세요. 꿈을 품어 노력하고 열정을 다 하면 반드시 꿈을 이루어 낼 수 있답니다.

잔뜩 웅크리는 개구리가 멀리 뛴다

멀리뛰기 위해 개구리는 몸을 잔뜩 웅크리지요. 도약을 하기 위해서는 최대한 몸을 웅크리고 순간적으로 온 힘을 주어야 합니다. 그래야만 더 멀리 더 높이 도약할 수 있습니다.

언젠가 동물의 세계에서 사슴을 사냥하는 호랑이를 보았습니다. 몸길이 2m에 무게가 200kg인 호랑이가 사슴을 사냥하기 위해, 온몸에 힘을 준 채 순식간에 도약하며 공격을 했습니다. 단 일격에 사슴은 쓰러졌고 여유 만만하던 호랑이의 모습은 참으로 놀라웠습니다. 그때 본 모습이 아직도 기억에 생생합니다.

호랑이 역시 공격을 하기 위해 최대한 몸을 웅크린 채 도약을 했습니다.

이와 마찬가지로 자신의 꿈을 향해 힘찬 도약을 하려면 '도약의 법칙'을 잘 활용해야 합니다.

'도약의 법칙'이란?

첫째, 몸과 마음을 하나로 집중시키고 자신이 하는 일에 온 힘을 다해야 합니다. 힘들다고 해서 포기하고, 어렵다고 해서 미룬다면 그 일은 해낼 수 없습니다.

둘째, 자신과 비슷한 상황에서 꿈을 이룬 사람들의 경험을 따라서 해보는 것도 좋은 방법입니다. 경험만큼 확실하고 분명한 가르침은 없는 것이니까요.

셋째, 꿈의 그래프를 그리고 주기적으로 점검해보는 기회를 얻는 것도 좋은 방법입니다. 점검해 보고 자신이 원하는 만큼 잘 진행되고 있는지 어떤지를 판단함으로써 그 상황에 맞게 대처해 나간다면 효과적인 결과를 얻을 수 있습니다.

넷째, 성공을 이룬 멋진 자신의 미래를 날마다 마음속에 떠올리며 다짐하세요. 이렇게 말입니다.

"나는 나를 믿는다. 나는 반드시 최고의 인생이 되겠다. 나는 나를 사랑한다."

자신의 꿈을 이룬 사람들은 하나같이 꿈을 향한 '도약의 법칙'을 잘 이용했고 그렇게 함으로써 성공했던 것입니다.

세계 영화계의 거목 스티븐 스필버그!

영화 〈쥐라기 공원〉, 〈인디에나 존스〉, 〈컬러 퍼플〉, 〈쉰들러 리스트〉로 유명한 그는 세계 영화계에서 독보적인 존재이지요. 지금처럼 세계 영화계에 거목이 되기 전에는 그에게도 초라한 시절이 있었지요. 하지만 그는 자신의 꿈을 이루기 위해 오랜 시절을 참고 견디며 착실하게 준비를 했습니다.

영화의 본고장인 할리우드에 입성한다는 것은 영화배우나 감독에겐 꿈같은 일이지요. 그것을 잘 아는 스티븐 스필버그는 철저하게 계획을 세워 독하게 밀어붙였지요.

그는 '도약의 법칙'을 꾸준하게 실천하며 잠잘 때나 밥 먹을 때나 길을 갈 때도 항상 영화만 생각했습니다. 영화는 그의 인생의 최대 목표였고 생명과도 같은 것이었습니다. 그랬기에 그는 어떤 어려움도 고통도 다 참아 낼 수 있었습니다.

그 결과 그의 꿈은 현실로 다가왔고, 그 기회를 멋지게 성공시키며 자신의 시대를 활짝 열었습니다. 세계 최고의 감독이 된 지금도 그는 늘 '도약의 법칙'을 실천하며 지금보다 더 훌륭한 작품을 남기기 위해 꿈꾸고 있습니다.

자신의 꿈을 현실로 이루고 싶다면 꿈을 위한 '도약의 법칙'을 철저하게 실천하세요. 그러면 반드시 꿈을 이루어 행복한 인생이 될 수 있답니다.

꿈을 기르는
참 좋은 생각!

01 온몸과 마음을 하나로 집중시키고 자신이 하는 일에 온 힘을 다해야 합니다. 힘들다고 해서 포기하고, 어렵다고 해서 미룬다면 결코 그 일은 해낼 수 없습니다.

02 자신과 비슷한 상황에서 꿈을 이룬 사람들의 경험을 따라서 해보는 것도 좋은 방법입니다. 경험만큼 확실하고 분명한 가르침은 없는 것이니까요.

03 꿈의 그래프를 그리고 주기적으로 점검해보는 기회를 얻는 것도 좋은 방법입니다. 점검해 보고 자신이 원하는 만큼 잘 진행되고 있는지 어떤지를 판단함으로써 그 상황에 맞게 대처해 나간다면 효과적인 결과를 얻을 수 있습니다.

04 성공을 이룬 멋진 자신의 미래를 날마다 마음속에 떠올리며 다짐을 하세요. 이렇게 말입니다.
"나는 나를 믿는다. 나는 반드시 최고의 인생이 되겠다. 나는 나를 사랑한다."

hope class
18

●

실패를
두려워하지 않기

실패를 겁내지 말고 뛰어넘기

실패가 두려워 자신이 하고 싶은 것을 하지 못한다면 그것처럼 바보 같은 짓은 없지요. 신이 아닌 이상 어떻게 실패를 하지 않을 수 있겠어요. 실패는 오히려 당연합니다. 실패를 긍정적으로 바라보세요. 실패할 것이 겁이 나 정작 할 일을 못 한다면 그런 사람은 실패의 노예가 될 뿐이에요.

실패에 대해 현명한 사람은

"나는 실패 따윈 두려워하지 않습니다. 실패가 따르더

라도 내가 원하는 것은 꼭 이루고 말겠습니다."라고 말하지요.

그러나 어리석은 사람은

"나는 실패하는 것이 두렵습니다. 실패할 것을 생각하면 온몸이 떨립니다. 실패를 안 할 수는 없나요?" 하고 말합니다.

이 이야기를 통해 두 사람의 생각의 차이가 극과 극으로 나타남을 알 수 있을 거예요. 그렇다면 이 중 어느 쪽을 선택해야 할까요?

그야 실패를 겁내지 않는 쪽이지요.

실패를 두려워만 한다면 그 사람은 아무것도 할 수 없습니다. 실패를 두려워하는 마음은 부정적인 마음입니다. 하지만 실패를 두려워하지 않는다면 어떤 일도 성공적으로 끌어낼 수 있습니다. 실패를 두려워하지 않는 마음은 긍정의 마음입니다.

미국 영화감독 우디 앨런은 "한 번도 실패하지 않는다는 것은 새로운 일을 시도하지 않는다는 신호다"라고 했지요. 이 말은 실패는 새로운 일에 대한 비전을 발견할 수 있는 좋은 계기가 됨을 말하지요.

옳은 말입니다.

실패를 하다 보면 실패의 원인을 찾게 되고, 그 원인을 찾다 보면 새로운 아이디어를 발견할 수 있게 되지요.

세계 제일의 발명왕 에디슨이 발명한 모든 것은 단 한 번에 이룬 것이 없습니다. 어떤 것은 수십 번을 실패한 끝에 성공했고, 또 어떤 것은 수백 번을, 또 다른 어떤 것은 그 이상의 실패를 한 끝에 성공한 것입니다.

그런데 사람들은 성공의 과정은 보지 않고 성공의 결과만을 보려고 합니다. 자신이 진정으로 발전하고 싶다면 성공의 결과보다는 그 과정을 보기 바랍니다. 과정에는 실패도 있고, 고통도 따릅니다. 성공은 실패와 고통을 넘어 이뤄낸 결과이므로 과정을 진지하게 살펴보세요. 그리고 그 어떤 고난도 견디어내는 강한 의지를 길러야 합니다.

그렇게만 할 수 있다면 그 어떤 실패와 고통도 이겨내고 성공하는 기쁨을 맛보게 될 것입니다.

처음부터 잘 되는 일은 없다.
실패, 또 실패, 반복되는 실패는
성공으로 가는 길의 이정표다.
당신이 실패하지 않을 수 있는 길은
당신이 아무런 시도도 하지 않는 것이다.
사람들은 실패하면서 성공을 향해 나간다.
–찰스 F. 키틀링

실패하지 않으려면 잘못한 일은 즉시 고쳐라

실패를 두려워하지 말라고 했는데 그렇다고 해서 대책 없는 실패를 하라는 것은 아닙니다. 내가 왜 실패를 했는지에 대해 알아야 합니다. 그래야 실패를 딛고 새로운 방법을 찾아내어 성공의 길로 갈 수 있지요. 그런데 실패를 하고도 그대로 내버려 둔다면 어떻게 될까요? 그것은 자신을 형편없이 만들어버리는 결과를 가져오지요. 왜냐하면, 실패를 내버려 두면 자신에게 남아있는 능력마저도 가차 없이 떨어트리게 되기 때문입니다.

이를 좀 더 구체적으로 말하면 상처의 원리와 같지요. 작은 상처라도 치료하지 않고 그냥 둔다면 어떻게 될까요? 그야, 당연히 상처 부위가 곪게 되고, 그래도 가만히 둔다면 나중엔 수술을 해야 하는 일이 생기지요.

작은 상처를 그대로 두면 큰 상처가 되듯, 실패하고도 잘못된 일을 고치지 않는다면 나중엔 더 큰 실패를 하게 되지요. 그러므로 작은 실패가 더 큰 실패가 되어 자신의 꿈을 이루지 못하는 일이 없도록 해야 합니다.

"나는 젊었을 때 정치를 목표로 삼고 여러 가지 고충을 겪었을 뿐만 아니라 수많은 실패를 했다. 그러나 나는 실패를 두려워하지 않고 그 원인을 찾아내어 노력한 끝에 대통령이 될 수 있었다. 지금 생각하면 나의 생애는 일곱 번 넘어지고, 여덟 번 일어났던 것이다."

이는 미국 대통령인 프랭클린 루즈벨트가 했던 말입니다.

미국 최초의 4선 대통령인 루즈벨트도 수많은 실패와 좌절을 겪은 끝에 대통령이 될 수 있었고, 그랬기에 유능한 대통령이 되어 미국 국민들의 존경과 찬사를 받는 성공한 대통령이 될 수 있었다.

우리나라 여자골프의 새 희망 신지애!

그녀는 155cm의 작은 키로 장신의 외국인 선수들 숲에서도 전혀 기가 꺾이지 않는 당당한 자세로, 우리나라 여자골프계의 새로운 희망이 되었습니다. 그동안 박세리와 김미현이 우리나라 여자 골프의 우수성을 세계에 떨치며 희망을 쏘아 올렸다면, 지금은 신지애 선수가 그 바통을 이어받아 새로운 전설을 써나가고 있습니다.

그녀가 외적인 콤플렉스를 딛고 미국 여자프로골프

LPGA의 새로운 강자가 될 수 있었던 것은 피나는 훈련과 연습의 결과이지요. 또한, 그녀의 두둑한 배짱과 어떤 상황에서도 흔들림 없는 마음가짐에 있답니다. 이런 신지애 선수도 실수를 하고 그 실수로 인해 아깝게 우승을 놓친 적도 많지요. 하지만 그녀는 실수를 그냥 실수로 여기는 것이 아니라, 즉시 잘못된 점을 고쳐서 승리의 요소로 삼았지요. 이런 적극적이고 자기 반성하는 자세가 그녀를 세계적인 선수로 만들었던 겁니다.

영국의 탁월한 지도자 윈스턴 처칠!

서양인 치고는 작고 못생기고 뚱뚱한 그였지만 그는 20세기를 대표하는 세계적 정치인이었지요. 그는 영국의 대표적 귀족인 말버러 가의 후손으로 무엇 하나 부족함이 없었어요. 하지만 그는 대개의 귀족의 자녀가 공부를 잘했던 거와는 달리 공부를 잘 못하는 축에 속했지요.

그는 부모가 원하는 대학은 꿈도 꾸지 못하고 육군사관학교에 들어갔지요. 그것도 세 번을 실패한 끝에.

지금으로 보면 아주 별 볼 일 없는 학생이었지요. 하지만 그에게는 남다른 무엇이 밤하늘의 별처럼 반짝이고 있었지요. 그것은 불굴의 의지와 신념 그리고 설득력과 강한 리더십입니다. 또한, 사람들을 배려하는 포용력과 따뜻한 인간미에 있었지요.

그는 전쟁에 나가 죽을 고비를 숱하게 넘기고 실패도 했지만, 자신의 부족함을 거울삼아 자신만의 창조적인 에너지를 끌어냈답니다. 그 결과 영국 총리를 두 번이나 역임하며 세계적인 정치인이 되었지요. 그리고《제2차 세계대전》이라는 책을 써서 문학가가 아니면서 노벨문학상을 받은 전무후무한 기록을 남겼답니다.

우리 역사의 대표적 인물인 이순신 장군!

그는 무과시험에서 말을 타고 달리다 떨어져 그만 아쉽게도 실패하고 말았지요. 하지만 그는 실망하는 대신 이를 악물고 새로운 도전을 꿈꾸며 심기일전한 끝에 다음 무과시험에서는 당당하게 합격할 수 있었지요.

만일 그가 자신의 실패에 대해 가슴 아파하고 다음 시험을 위해 새롭게 준비하지 않았다면, 우리 역사에 길이 빛나는 위대한 장군이 되지 못했을 거예요. 어디 그뿐인 가요. 그는 자신을 음해하는 사람들로 인해 시련과 좌절을 밥 먹듯이 했지만 꿋꿋하게 이겨냈지요.

이순신 장군이 그처럼 강해질 수 있었던 것은 실패와 시련을 통해 일어설 수 있는 법을 배웠기 때문입니다.

실패를 성공의 에너지로 삼는 법칙

실패를 성공의 에너지로 삼는 것은 현명한 사람들이 선택하는 지혜이지요. 그런데 여기엔 몇 가지 법칙이 있습니다.

첫째, 무슨 일을 하다 실패를 하면 절대로 당황하지 말아야 합니다. 당황하게 되면 흥분해서 사리 분별력이 없어지지요. 그렇게 되면 쉽게 문제를 해결할 수 있는 일도 놓치게 된답니다.

둘째, 실패의 원인을 그때그때 기록해야 합니다. 그러기 위해서는 다이어리와 펜을 반드시 준비해서 갖고 다니세요. 그리고 무슨 일이 있으면 즉시 기록했다가 실패의 원인을 분석하는 데 효과적으로 활용하세요. 이를 잘만 활용한다면 좋은 결과를 얻을 수 있습니다.

셋째, 한 번 실패했다고 해서 절대 기죽지 마세요. 기가 꺾이면 충분히 할 수 있는 일도 망설이게 됩니다. 용기를 잃고 자신감을 잃으면 그 아무리 좋은 프로젝트가 있어도 주저하게 되어 아무것도 못 하게 되지요.

넷째, 성공을 위한 몇 가지 금언을 정해 날마다 암송하세요. 이 방법은 끝없이 자신을 의식화하고, 암시하는 효과가 있어 성공한 사람들이 주로 활용하는 비법입니다.

실패는 누구나 다 하는 것이지만 그것을 어떻게 받아들이냐는 것은 각 개개인의 문제이지요. 그렇게 본다면 어떤 자세를 가져야 한다는 것은 명확하게 드러나지요. 그것은 바로 실패를 조용히 받아들이고, 그 즉시 잘못된 점을 고쳐 새로운 에너지로 활용하는 것입니다. 그렇게만 할 수 있다면 실패를 뛰어넘어 좋은 결과를 얻을 수 있답니다.

꿈을 기르는
참 좋은 생각!

01 무슨 일을 하다 실패를 하면 절대로 당황하지 말아야 합니다. 당황하게 되면 흥분해서 사리 분별력이 없어지지요. 그렇게 되면 쉽게 문제를 해결할 수 있는 일도 놓치게 된답니다.

02 실패 원인을 그때그때 기록을 해야 합니다. 그러기 위해서는 다이어리와 펜을 반드시 준비해서 갖고 다니세요. 그리고 무슨 일이 있으면 즉시 기록을 했다가 실패의 원인을 분석하는 데 효과적으로 활용하세요. 이를 잘만 활용한다면 좋은 결과를 얻을 수 있습니다.

03 한 번 실패했다고 해서 절대 기죽지 마세요. 기가 꺾이면 충분히 할 수 있는 일도 망설이게 됩니다. 용기를 잃고 자신감을 잃게 되면 그 아무리 좋은 프로젝트가 곁에 있어도 주저하게 되어 아무것도 하지 못하게 되지요.

04 성공을 위한 몇 가지 금언을 정해 날마다 암송하세요. 이 방법은 끝없이 자신을 의식화하고, 암시하는 효과가 있어 성공한 사람들이 주로 활용하는 비법입니다.

hope class
19

●

부지런한 사람이
큰사람이 된다

부지런한 사람이 먼저 기회를 잡는 법이다

부지런함은 성실함을 뜻하고 성실함은 부지런함을 의미하는 상호작용을 하는 말입니다. 그래서일까, 부지런한 사람치고 성실하지 않은 사람 없습니다. 또한, 성공한 이들은 대개가 부지런했습니다.

부지런한 새가 먼저 먹이를 구한다는 말이 있는데, 매우 현명한 말입니다.

한 번 생각해보세요. 먼저 일어나는 사람과 늦게 일어나는 사람 중 누가 더 시간을 알차고 요긴하게 쓸 수 있는

지를.

그야 당연히 먼저 일어난 사람이지요.

인생을 성공적으로 산 사람들은 시간을 매우 중요히 여겨 같은 시간도 두 배, 세 배로 썼답니다. 도대체 그게 무슨 말이냐고 의문을 가질 겁니다. 하루는 24시간인데 어떻게 48시간, 72시간으로 쓸 수 있느냐고.

하지만 당연히 그럴 수 있습니다. 그것은 시간을 가치 있고 알차게 쓰면 됩니다. 같은 시간도 짜임새 있고 부지런히 쓰는 사람과 빈둥거리며 시간이나 때우는 사람은 그 차이가 확연히 드러나는 법이지요.

시간을 두 배, 세 배로 쓴다는 것은 바로 이를 두고 하는 말입니다.

노블레스 오블리주를 실천한 유일한!

유한양행 설립자, 하면 모르는 사람이 없을 정도로 그는 최고의 인생을 살다간 성공한 인물이지요.

1895년에 태어난 그는 아버지가 선교사들과 교류하는 관계로 인해 자연스럽게 서양세계에 눈을 뜨게 되었지요.

그는 아버지의 보살핌 속에서 미국으로 떠나 박용만이 헤이스팅스에 세운 한국 독립군 사관 학교인 '한인 소년병 학교에' 입교하여 군사훈련을 받았지요. 그는 이곳에서 투철한 민족정신을 갖게 되었고, 강건함과 담대한 마음도 길렀지요. 이 시기에 형성된 민족의식은 독립운동의 정신적 원천이 되었고 훗날 기업 경영의 바탕이 되었습니다.

미시간 주립대학에 입학하여 공부를 마친 그는 대한민국 임시정부 수립 홍보 목적으로 필라델피아에서 한인자유대회가 개최되자 서재필, 조병옥 등과 한국인 대표로 선출되어 활동하였답니다.

그 후 사업을 벌이고 결혼을 하여 생활하던 중 30만 달러를 가지고 귀국해 1926년 '유한양행'을 설립하였지요. 그는 사업을 다양화하여 의약품, 위생용품, 농기구, 염료 등을 수입하여 판매했고 화문석, 도자기, 죽제품을 미국으로 수출하며 경제발전을 도모하였지요. 그러던 중 조국 광복을 위해 핵심요원으로 선발되어 폭넓게 활동을 벌이다 미국에서 귀국한 후 유한양행을 재정비하여 크게 사업을 확장했지요.

그 후 회장을 역임하고, 대한상공회의소 초대회장으로 활동하며 국가 경제 발전에 크게 기여하였지요. 그의 인생이 참으로 값진 것은 인간을 존중하고 육영사업에 열정을 쏟은 일입니다. 그는 인재 양성을 위해 교육비를 지원하고 숙식을 제공하는 등 자신이 세운 뜻을 어김없이 실천으로 옮겼답니다. 그뿐만 아니라 우리나라 최초의 종업원지주제를 실현하고, 세상을 떠날 땐 유한양행 주식을 모두 기부하여 많은 사람에게 귀감이 되었지요.

유일한은 부지런하고 성실한 자세로 조국과 민족을 위해 일했고, 유한양행을 설립해서는 경제발전에 기여하며 사회사업과 육영사업을 벌이는 등 자신의 삶을 두 배, 세 배, 열 배 그 이상으로 산 최고의 인생이었습니다.

게으름은 추악한 인생으로 가는 지름길이다

게으름은 아무짝에도 쓸모가 없는 무가치한 것으로, 인간의 삶에서 영원히 사라져야 합니다.

성공한 사람은 모두가 부지런하고 성실하게 삶을 살았

지요.

에디슨은 "나는 평생 하루도 일을 안 한 적이 없다. 일은 모두가 내겐 즐거운 위안이었다"라고 말했지요. 또 홈볼트는 "일하는 것은 먹는 것이나 자는 것보다 인간에게 필요한 것이다"라고 했습니다.

에디슨과 홈 볼트의 말을 보면 부지런히 일하는 것이 인간에겐 필요하며 즐거운 일이라는 것이지요.

어떤 주인이 있었습니다. 주인은 다른 나라로 여행을 떠나면서 집에서 부리는 하인 셋을 불러서 한 사람에게는 금 다섯 달란트를, 한 사람에게는 금 두 달란트를, 또 다른 사람에게는 금 한 달란트를 주었지요. 그리고 그는 여행을 떠났습니다.

금 다섯 달란트를 받은 하인은 '주인님이 오시면 기쁘게 해 드려야지.'라고 생각하고 열심히 장사하여 금 열 달란트로 만들었습니다. 그리고 금 두 달란트를 받은 하인도 역시 장사를 하여 금 두 달란트를 네 달란트로 만들었습니다.

그러나 금 한 달란트를 받은 하인은 하도 게을러서 장사할 생각은 하지도 않은 채 빈둥거리며 놀았습니다.

어느 날 여행을 떠났던 주인이 돌아왔습니다. 그는 하인들을 속히 불러들였습니다.

"그동안 잘 지냈느냐?"

"네, 주인님."

"자, 그럼 그동안 어떻게 지냈는지 살펴보자꾸나."

주인은 이렇게 말하며 하인들을 점검하였지요.

"주인님, 주인님이 주신 다섯 달란트를 열 달란트로 만들었습니다."

다섯 달란트를 받은 하인은 금 열 달란트를 내놓았습니다.

"그래, 잘했구나. 너는 참 충성스러운 사람이다. 앞으로 내가 많은 것을 너에게 맡길 것이다."

주인은 기분 좋은 얼굴로 말했지요.

"주인님, 저는 주인님이 주신 두 달란트를 네 달란트로 만들었습니다."

두 달란트 받은 하인이 말했습니다.

"그래? 너도 잘했다. 앞으로 너에게도 많은 것을 맡길 것이다."

역시 주인은 기분 좋은 얼굴로 웃으며 말했답니다.

"주인님, 저는 주인님께서 주신 달란트가 너무 소중한 것이라 잃을까 하여 감추어 두었습니다."

한 달란트를 받은 하인은 받은 그대로 한 달란트를 주인에게 주었습니다.

"너는 대체 무엇을 했더란 말이냐? 괘씸하구나. 그동안 게으름을 피우며 놀고먹었다니……. 너는 지금 당장 여기를 떠나거라."

주인은 게으른 하인을 자신의 집에서 내쫓아버렸습니다.

이 이야기에서 보듯 부지런한 첫 번째 하인과 두 번째 하인은 주인에게 칭찬을 받으며 더 많은 것을 맡기겠다는 선물을 받았지만, 빈둥거리고 게으름을 피운 세 번째 하인은 불호령을 받고는 주인집에서 쫓겨나고 말았답니다.

게으름은 인간에게 있어 백해무익한 것입니다.

가장 바쁜 사람이
가장 많은 시간을 갖는다.
부지런히 노력하는 사람이
결국 많은 대가를 얻는다.

-알렉산드리아 피네

일하는 즐거움이 행복한 인생을 만든다

"가장 평안하고 순수한 기쁨의 하나는 노동을 한 뒤에 취하는 휴식이다"

이는 독일의 철학자 임마누엘 칸트가 한 말입니다. 칸트는 시간을 잘 쓰기로 유명한 사람입니다. 그는 정해진 시간에 늘 움직였고 평생을 그렇게 살았지요. 그는 시간을 아껴 공부하고 연구를 하는 데 바쳤지요. 결국, 그는 세계적인 철학자가 되었답니다.

"나는 언제나 일을 하고 있다. 그리고 늘 생각한다. 내가 어떤 일에 직면해있을 때 당황하지 않고 곧바로 일을 처리할 수 있는 것은 미리 여러 가지 경우를 대비해 잘 생각해 두었기 때문이다"

이 말은 프랑스 황제 나폴레옹이 한 말이랍니다. 그는 자신이 한 말처럼 항상 부지런히 생각하고 몸을 움직이며 살았지요. 그렇게 열심히 살다 보니 어떤 어려움도 능히 헤쳐 나갈 수 있었던 것입니다.

"끊임없는 경계는 자유의 대가,라고 사람들은 말한다. 이와 똑같은 이치로 끊임없는 노력은 성공의 대가,라고 말해도 좋을 것이다. 우리가 힘껏 일하지 않는다면 타인은 힘껏 일할 것이다. 따라서 그들은 경쟁에서 우리를 능가할 것이며 우리 손에 있는 물건마저 빼앗아 갈 것이다"

이는 미국 최고의 소설가 어니스트 헤밍웨이가 한 말이지요. 헤밍웨이는 인생을 참 부지런히 산 사람입니다. 그는 종군 기자로 목숨이 위태로운 전쟁에 참여하여 기사를 쓰고, 그것을 책으로 쓰는 등 바쁘게 살았습니다. 그의 주요 작품으로는 《무기여, 잘 있거라》, 《누구를 위하여 종은 울리나》, 《노인과 바다》 등이 있지요. 그는 이 외에도 수많은 작품을 남기며 노벨문학상을 받아 미국 문학사는 물론 세계문학사에 영원히 그 이름을 남겼답니다.

철학자 임마누엘 칸트, 프랑스 황제 나폴레옹, 노벨문학상 수상작가인 헤밍웨이는 자신들이 말한 것처럼 일생을 부지런히 그리고 알차고 성실하게 산 사람들입니다. 그리고 모두가 세계사에 뛰어난 업적을 남겼고, 최고의 인생이 되었던 것입니다.

일하는 즐거움을 아는 인생이 큰 인생이 된다는 것을

마음에 간직하여 그대로 실천해보세요.

"일해서 얻는 빵이야말로 가장 맛있는 것이다"라고 스마일스는 말했으며,

"일은 곧 기쁨이다"라고 마틴 루터는 말했지요.

사람은 누구나 사랑받기 위해 태어났고, 행복하기 위해 태어난 소중한 존재입니다. 이처럼 소중한 사람이 자신의 게으름으로 후회하며 산다면 그것은 자신의 인생에 대한 모독입니다.

자신을 진정 사랑한다면 부지런하고 성실한 사람이 되어야 합니다.

꿈을 기르는
참 좋은 생각!

01 "나는 평생 하루도 일을 안 한 적이 없다. 일은 모두가 내겐 즐거운 위안이었다" -에디슨

02 "일하는 것은 먹는 것이나 자는 것보다 인간에게 필요한 것이다"- 홈 볼트

03 "가장 평안하고 순수한 기쁨의 하나는 노동을 한 뒤에 취하는 휴식이다" -임마누엘 칸트

04 "나는 언제나 일을 하고 있다. 그리고 늘 생각한다. 내가 어떤 일에 직면해있을 때 당황하지 않고 곧바로 일을 처리할 수 있는 것은 미리 여러 가지 경우를 대비해 잘 생각해 두었기 때문이다" -나폴레옹

05 "끊임없는 경계는 자유의 대가,라고 사람들은 말한다. 이와 똑같은 이치로 끊임없는 노력은 성공의 대가,라고 말해도 좋을 것이다. 우리가 힘껏 일하지 않는다면 타인은 힘껏 일할 것이다. 따라서 그들은 경쟁에서 우리를 능가할 것이며 우리 손에 있는 물건마저 빼앗아 갈 것이다" -어니스트 헤밍웨이

적극적인 친구
소극적인 친구

적극적인 친구 소극적인 친구

주변 사람을 보면 그 사람이 어떤 사람인지 알 수 있다는 말이 있지요. 유유상종이란 말이 있는데 이는 '끼리끼리 어울린다'는 말이지요. 사람은 누구나 자기와 비슷한 사람들과 잘 어울리는 경향이 있는데 이는 아주 자연스러운 현상이지요. 이런 까닭으로 주변 사람들을 보면 그 사람의 면모를 알 수 있다고 하는 것이지요.

성공한 사람을 보면 그의 주변에 대개 적극적인 사람들로 포진해 있음을 알 수 있습니다. 왜냐하면, 이런 사람들을 통해 적극적이고 능동적인 삶의 자세를 닮게 되기 때문이지요. 하지만 소극적인 사람 주변엔 소극적인 사람들로 채워져 있음을 볼 수 있습니다. 이는 소극적인 성격으로 인해 자신과 비슷한 사람들과 소통하기가 수월하기 때문인데, 성공적인 인생이 되기 위해서는 반드시 이를 고쳐야 합니다.

가장 훌륭한 인생의 멘토

행복한 인생을 살아가기 위해서는 소극적인 사람일수록 적극적인 친구들과 사람들을 자신의 주변에 두어야 합니다. 이들과 어울리다 보면 자연스럽게 소극적인 성격을 바꿀 수 있게 되어, 적극적이고 능동적인 사람으로 거듭나게 되지요.

우리나라 여자 핸드볼 국가대표 선수 중 맏언니 격인 임오경 선수와 오성옥 선수는 명콤비로 정평이 나 있지요. 두 선수 중 임오경 선수가 언니뻘이지만 그들은 때론 언니처럼 때론 친구처럼 서로를 조언하고 격려하며 아름다운 조화를 이루지요. 그들의 따스한 친밀감은 서로의 마음을 자연스럽게 꿰뚫게 되었고, 상대방이 지금 무엇을 원하는지를 알게 하는 힘이 되었다고 합니다. 그래서 그들은 연습을 따로 하지 않아도 시합 중에 호흡이 척척 맞는 플레이로 많은 관중에게 즐거움을 주었고, 우리나라가 핸드볼 강국으로 우뚝 서는데 한몫을 하였답니다.

천의 목소리를 가진 성우계의 최고 스타 배한성!

그의 목소리는 그 어떤 역도 소화해내는 멀티 보이스이지요. 그가 성우계의 배용준으로 통하기까지는 천성적으로 타고난 재능도 있지만, 그에게 강한 에너지를 심어준 사람이 있었지요. 지금은 고인이 됐지만, 외국 인기영화였던 '형사 콜롬보'에서 멋진 형사 콜롬보의 더빙 목소리 주인공인 최응찬 씨가 바로 그의 멘토였습니다.

선배인 최응찬은 무한한 재능을 가진 후배 배한성의 능력을 알아보고 그에게 훌륭한 성우가 될 수 있다는 확신을 심어주었지요. 최응찬의 이런 행동은 인기를 무기로

하는 연예계의 속성상 매우 이례적인 일이라고 해요. 왜
냐하면, 아무리 후배라 해도 뛰어난 재능을 가진 것을 알
면 경계하는 것이 당연한 일처럼 여겨지기 때문이지요.
선배를 치고 올라올 수도 있으니까요.

최응찬은 재능이 뛰어난 후배 배한성에게 적극적이고
능동적인 칭찬으로 격려해준 멋진 선배였고, 그의 뜻을
고맙게 받아들인 배한성은 우리나라 성우계에 최고의 스
타가 되었지요. 그리고 그 또한 선배 최응찬이 자신에게
했듯이 후배를 칭찬하고 격려해주는 멋진 인생의 선배가
되었지요.

'철의 장막'이란 유명한 말로 널리 알려진 영국 총리 윈
스턴 처칠!

그는 세계 2차 대전의 영웅이자 영국 국민들의 우상이
지요. 이런 처칠도 어린 시절엔 소심하고 겁이 많았다고
하지요.

소년 시절 그가 강에 빠져 죽을 수도 있는 위태로운 지
경에 이르렀을 때 그것을 본 한 소년에 의해 목숨을 구할

수 있었지요. 처칠은 그 소년에게 감사했고 둘은 친구가 되어 서로 편지를 주고받으며 우정을 쌓았지요.

학교를 졸업한 소년에게 처칠이 물었지요.

"너는 꿈이 무엇이니?"

"꿈? 음……, 의사가 되는 거야."

"그래? 좋은 꿈을 갖고 있구나."

"그런데 집이 가난해서 집안을 도와야 해."

"……"

처칠은 의사가 되는 게 꿈이지만 가난한 집안 형편상 그 꿈을 포기할 수밖에 없는 친구의 그늘진 얼굴을 떨쳐 버리지 못했지요. 그는 지난날 자신의 목숨을 구해 준 소년에 대해 아버지에게 이야기했고, 그 얘기를 들은 처칠의 아버지는 아들의 부탁을 받아들였지요.

그렇게 해서 소년은 공부할 수 있었고, 훗날 포도당 구균이라는 세균을 연구하여 꿈의 약으로 불리는 페니실린을 개발해 세계 의학사상 획기적인 인물이 되어 노벨 의학상을 받았지요.

그가 바로 알렉산더 플레밍입니다.

그 후 26세에 정치가가 된 처칠이 폐렴에 걸려 다 죽게 되었을 때, 그 소식을 들은 플레밍은 단걸음에 달려가 친구를 살려내는 아름다운 우정을 보여주었지요.

그들은 서로가 서로에게 격려하고 칭찬하며 최고의 인생 파트너가 되어 둘 다 세계사에 길이 남는 훌륭한 인물이 되었지요.

성웅 이순신과 명재상 류성룡!

어린 시절 선후배였던 두 사람은 서로에게 절대적인 인생의 멘토였지요. 특히 류성룡은 선배로서 매우 지혜가 출중하고 인간성이 뛰어났지요. 그는 공부를 잘해 일찌감치 미래가 보장된 소년이었지요. 하지만 역적으로 몰려 몰락한 양반가의 자손인 이순신은 소심하고 겁이 많은 소년이었지요. 그러다 보니 이순신은 영리하고 똑똑한 소년이었음에도 친구들 사이에서 늘 뒷자리로 물러나 있었지요.

그런데 심약한 이순신이 어려운 일에 처할 때마다 도움을 주고 용기를 준 사람이 바로 류성룡이었답니다. 류성룡의 격려와 배려는 소극적인 이순신에게 큰 힘이 되었고, 훗날 이순신이 무과에 급제하여 나라를 위해 힘써 일할 수 있는 삶의 배경이 되었지요.

두 사람의 우정은 어른이 되어서도 계속 이어졌고, 문신인 류성룡은 무관인 이순신이 어려운 일에 처할 때마다 그를 위해 인생의 버팀목이 되었지요.

이순신이 위기에 처한 나라를 구하고 역사에 길이 남는 영웅이 될 수 있었던 배경엔, 침착하고 긍정적인 류성룡이 있었기에 가능했지요.

우리나라 여자 핸드볼 선수 임오경과 오성옥, 성우 배한성과 최웅찬, 그리고 처칠과 플레밍, 이순신과 류성룡은 서로에게 능동적이고 적극적인 인생의 파트너가 되었기에 각자 자기 분야에서 절대적인 인물이 될 수 있었던 것입니다.

한 사람이 다른 사람에게 미치는 영향은 이처럼 상대방의 인생을 뒤바꾸어 놓을 만큼 소중하다는 것을 잊어서는 안 될 것입니다.

친구란 무엇인가?
두 개의 몸에 깃든 하나의 영혼이다
─아리스토텔레스

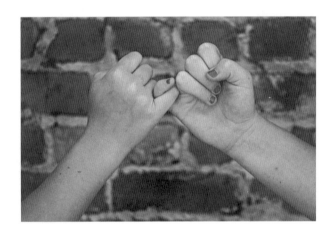

능동적이고 적극적인 친구를 곁에 두어라

적극적인 친구는 나에게 에너지를 주지만 소극적인 친구는 나에게 있는 에너지마저 빼앗아버리는 존재지요. 그렇다면 어떤 친구를 자신 곁에 두어야 할지는 분명하지요.

앞에서 예를 든 4가지의 경우는 모두 적극적인 친구나 주변 사람들을 두었기에 가능한 일이었다면 다음과 같은 경우는 그 반대의 예가 되지요.

웅진은 공부에 있어서나 재능에 있어서나 평범한 보통 소년이었지요. 말하자면 어디에서나 흔히 볼 수 있는 학생이지요. 그러다 보니 누구와도 잘 어울렸고 편견 없는 소년이었답니다.

그러던 어느 날 그는 새로운 친구를 알게 되었고 그로부터 지금껏 경험하지 못했던 것들을 접하게 되었지요. 담배도 피우게 되었고, 플레이보이 잡지를 통해 여성들의 누드사진을 보고 성적 호기심에 빠지게 되었고, 지나가는 아이들을 위협하여 돈을 빼앗고, 학교에 가지 않고 땡땡이를 치고 싸움을 일삼는 그야말로 집에서나 학교에서나 골치 아픈 소년으로 변하고 말았지요. 그런 일이 지속하자 그는 소년원에 갇히게 되었고, 소년원을 나와서도 똑같은 일을 반복하게 되었지요. 그 일로 그의 부모는 늘 슬픔에 젖어 한숨을 쉬는 최악의 삶을 살아야 했지요.

그런데도 웅진은 부모의 고통은 안중에도 없었지요.

세월이 흐르자 그는 소년원이 아닌 교도소를 자기 집처럼 들락날락했습니다. 그러다 출소를 하고 얼마를 고통 속에서 보내던 그는 그만 자살을 하고 말았습니다.

평범했던 소년이었던 웅진은 잘못된 친구를 자신 곁에 두는 순간 자신의 의지와는 상관없는 길로 빠지게 되었고, 소년원과 교도소를 밥 먹듯 들락거리다 끝내는 한 줌의 흙으로 돌아가고 말았답니다.

이 이야기에서 보듯 한 사람의 친구나 주변 사람이 다른 한 사람에게 미치는 영향이 얼마나 큰 것인지 단적으로 볼 수 있었을 거예요.

그러면 우리는 어떻게 해야 할까요? 어떻게 해야 자신의 인생을 잘 헤쳐 나갈 수 있을까요?

첫째, 긍정적이고 능동적인 친구를 사귀어야 합니다.

둘째, 자신에게 꿈을 주고 용기를 주는 친구와 교류해야 합니다.

셋째, 상대방을 배려하고 존중해 줄줄 아는 친구를 곁에 두어야 합니다.

넷째, 먼 인생길을 함께 할 수 있는 변함없는 친구를 인생의 파트너로 삼아야 합니다.

인생은 누구를 만나느냐에 따라 달라지는 경우를 역사를 통해서 또는 주변 인물들을 통해서 잘 알고 있을 겁니다. 하지만 그걸 알고서도 자신을 극기하지 못해 곁길로 샐 때가 많습니다. 이런 잘못을 저지르지 않으려면 마음을 굳건히 하고, 늘 긍정적이고 적극적인 자신으로 거듭나야 합니다.

꿈을 기르는
참 좋은 생각!

01 성공적인 사람을 보면 그의 주변에 대개 적극적인 사람들로 포진해 있음을 알 수 있습니다. 이런 사람들은 통해 적극적이고 능동적인 삶의 자세를 닮게 되기 때문이지요. 이런 소중한 사람들은 돈으로는 살 수 없는 귀한 자산입니다.

02 우리나라 여자 핸드볼 선수 임오경과 오성옥, 성우 배한성과 최응찬, 그리고 처칠과 플레밍, 이순신과 류성룡은 서로에게 능동적이고 적극적인 인생의 파트너가 되었기에 각자는 자기 분야에서 절대적인 인물이 될 수 있었지요.

03 어떻게 해야 자신의 인생을 잘 헤쳐 나갈 수 있을까요? 첫째, 긍정적이고 능동적인 친구를 사귀어야 합니다. 둘째, 자신에게 꿈을 주고 용기를 주는 친구와 교류해야 합니다. 셋째, 상대방을 배려하고 존중해 줄줄 아는 친구를 곁에 두어야 합니다. 넷째, 먼 인생길을 함께 할 수 있는 변함없는 친구를 인생의 파트너로 삼아야 합니다.

아름답고 풋풋한 10대를 위하여

10대들을 위한 책을 쓰면 언제나 나 자신이 10대로 돌아가는 기분이 듭니다. 그리고 다른 책을 쓸 때보다 더 마음이 뿌듯해진답니다.

이는 10대는 한창 몸과 마음이 자라나고 꿈이 푸르게 영글어 가는 시기이기 때문이지요. 그처럼 아름답고 귀한 10대들을 위한 글을 쓰려니 내 마음은 맑고 순수해지고 내 몸은 정결해 짐을 느낍니다. 내 마음과 몸이 정결하지 않고 어떻게 맑은 영혼들을 위한 글을 쓸 수 있을까요.

나의 이런 생각은 결벽증처럼 여겨질 때가 종종 있습니다. 어떤 작가는 이런 나를 보며 김 작가는 천생 작가다,

라고 말합니다.

나는 그의 말을 들으며 다시금 나에 대해 생각해 보았습니다. 내가 과연 그런 말을 들을 만큼 작가적 자긍심이 있는가를.

나는 그의 말을 칭찬보다는 격려하는 말로 겸허하게 받아들이기로 했습니다. 더욱더 작가다운 작가가 되어야 한다고 말입니다.

"남을 위하여 일할 수 있었다는 것은 어린 시절부터 나의 최대의 행복이었으며 즐거움이었다."

이는 음악의 악성 베토벤이 한 말이랍니다.

나는 베토벤의 이 말을 좋아하고 철저하게 자신을 아낌없이 살다간 그를 존경합니다. 베토벤이 음악으로 인류에게 꿈과 위안을 주었다면 나는 글로 꿈과 위안을 주고 싶습니다.

우리의 10대들을 위해 나의 꿈과 열정을 다 할 것입니다. 내 책을 읽어 줄 10대들의 소중한 꿈이 모두 이루어지길 소망합니다.